中华才艺系列
编委会名单

中华才艺系列

武术

MARTIAL ART

暨南大学《武术》编写组　编

暨南大學出版社
JINAN UNIVERSITY PRESS
中国·广州

图书在版编目（CIP）数据

武术/暨南大学《武术》编写组编．—广州：暨南大学出版社，2013.11（2017.10 重印）
（中华才艺系列）
ISBN 978－7－5668－0825－7

Ⅰ.①武… Ⅱ.①暨… Ⅲ.①武术—中国—教材 Ⅳ.①G852

中国版本图书馆 CIP 数据核字(2013)第 256958 号

武术
WUSHU
编　者：暨南大学《武术》编写组

出 版 人：徐义雄
责任编辑：暨　南　齐　心
责任校对：何　力
责任印制：汤慧君　周一丹

出版发行：暨南大学出版社（510630）
电　　话：总编室（8620）85221601
　　　　　营销部（8620）85225284　85228291　85228292（邮购）
传　　真：（8620）85221583（办公室）　85223774（营销部）
网　　址：http：//www.jnupress.com
排　　版：广州市天河星辰文化发展部照排中心
印　　刷：深圳市新联美术印刷厂
开　　本：787mm×960mm　1/16
印　　张：13.75
字　　数：240 千
版　　次：2013 年 11 月第 1 版
印　　次：2017 年 10 月第 3 次
定　　价：58.00 元

总 序

中华民族多才多艺。我们祖先的智慧不仅使他们的生活多姿多彩，也为世界文明的发展做出了不朽的贡献。仅就体育而言，我们既有娱乐节庆的龙狮、龙舟、杂技，又有强身健体的各种武术、气功；我们应用于先秦的角抵是现代相扑运动的源头，发源于唐代的捶丸是现代高尔夫运动的鼻祖，盛行于汉代的蹴鞠是现代足球运动的前身……如此灿烂辉煌的传统体育文化，值得每一位中华儿女骄傲和自豪。在色彩斑斓的中华才艺宝库中，武术和龙狮更是两颗耀眼的明珠，它们以规范的形式、多彩的套路和丰富的文化内涵在中华传统体育史上熠熠生辉。

武术作为中华民族喜闻乐见的民间体育项目，在华夏大地上已经绵延了数千年，博大精深，源远流长，外究形体规范，内求精神传意，以立于健身、载于武艺、归于武德的独特方式诠释着中华文化的特质，传承着中国人自强不息、厚德载物的民族精神。

在国外，中华武术也被称为中国功夫，是一项深受主流社会和广大华侨华人喜欢的民间体育运动。而依托于武术的龙狮运动起源于中国，历史悠久、底蕴深厚，是中国传统民间艺术的结晶和极富民族特色的传统体育运动，也是中国民间喜庆节日、隆重庆典时的传统表演项目。龙狮文化作为一种世代相传、经久不衰的文化形式，是中国理念和体育精神的集中体现，在海外华人社区有着广泛的影响力。今天，武术和龙狮已经成为世界人民认识中国、了解中华文化的两张靓丽的名片，在丰富海外侨胞文化生活、增进侨胞与祖（籍）国的感情、促进中外文化交流等方面发挥了重要作用。

团结和凝聚全世界中华儿女共筑“中国梦”是中国侨务工作的主基调。作为广大炎黄子孙共同精神家园，以武术和龙狮为代表的中华传统文化一直是开展海外侨务工作、凝聚侨心、汇聚侨智和发挥侨力的重要抓手。2012 年初，随着国务院侨务办公室文化中国·全球华人中华才艺（武术·龙狮）培训基地落户暨南大学，武术和龙狮文化的传播和发展有了坚实的基础和广阔的平台。最近，我欣喜地看到，暨南大学以承办 2013 年文化中国·全球华人中华才艺（武术）大赛为契机，深入挖掘学校丰富的武术和龙狮教育资源，充分发挥自身深厚的侨校文化底蕴，精心组织编写了《武术》、《舞龙》和《醒狮》等中华才艺丛书，并由暨南大学出版社正式出版。这套丛书分别以武术、舞龙、醒狮为主题，向海外华侨华人介绍有关武术和龙狮的传统文化知识，并提供基本的运动培训指导，内容系统翔实、通俗易懂，适合海外热爱武术和龙狮运动的青少年阅读和学习。

可以肯定，本次《武术》、《舞龙》和《醒狮》丛书的出版和发行，将为世界武术和龙狮运动的发展提供强大的智力支持，进一步丰富广大海外侨胞的文化生活，推动海外武术和龙狮文化的传播和弘扬，全面提升以武术、龙狮文化为重要元素的中华文化在世界范围内的影响力和感召力。通过这一文化纽带，团结和引导更多的海外华侨华人热爱中华文化，心系祖国发展，积极投身祖国建设，从而助推中华民族伟大复兴的“中国梦”早日实现。

何亚非

2013 年 11 月

前　言

说起武术，大家可能看过动画片《功夫熊猫》。据统计这部摄制于2008年的电影全球票房高达62亿美元，创造了中国题材影视作品的最高票房纪录。一部以中华武术为题材的电影如此受欢迎，无疑与武术及其蕴含的文化魅力有关。

中华武术在其成长的初期，本质上与世界其他民族的攻防格斗技术都一样，是为了击败对手保护自己。但是伴随中华民族历史文化的不断演进，武术逐渐吸收了中华民族的价值伦理观、哲学思想、文化心理、宗教信仰、民风民俗等众多文化因素，最后形成独树一帜的攻防击技，如同中医叫“国医”、京剧叫“国剧”、中国传统学问叫“国学”一样，武术也获得了国字号的尊称——“国术”。

“国术”的“国”指的就是赋予武术的中华人文内涵，即中国传统文化元素，比如说形成于两千多年前的中国儒家思想，还有本土宗教道教以及外来的佛教，这些思想文化资源深刻地影响着武术的发展与走向。

在历史的长河中，中华武术浸润了儒家的家国天下观与社会伦理思想，形成了一整套约定俗成的武德操守；武术吸收了道教阴阳互补，太极辩证，虚静无为、形意合一的哲学观与美学思想，并转化为虚实相依、以静制动、刚柔相济的武术理念，催生了以太极拳、武当剑、形意拳、大成拳等为代表的武术名派；武术还通过禅宗接受了佛教禅修的理念，并将这一理念熔铸到练功习武的方方面面，极大地丰富了中华武术的内容与形式，最终使武术成为中华文化的一个有机组成部分。与中国烹调技术、建筑中的木构飞檐屋顶、京剧表演艺术以及长城、泰山等文化符号一样，当今的海内外已经形成了一个共识——武术也是中国的一个典型象征或一种文化符号，形象地说武术是一张代表中国的响亮名片。

以一种恰当的方式来呈现这张名片，正是本书的编写宗旨。

考虑到读者对象主要是海内外青少年，既要向他们介绍与普及武术知识，同时还要向他们提供几种入门级的武术训练套路与招术，经过周密策划，我们将书稿析为上下两篇，尽量将武术的知识、趣味、科学与实践结合在一起。上篇分别介绍了中华武术的源流及武术的影响力，主要的武林宗师及门派，武术的类别与十八般武艺等冷兵器知识，还特别介绍了武术修养和武德；下篇则选择了具有代表性的长拳、太极拳、棍术、剑术以及为青少年喜闻乐见的双节棍术。上篇学知识，下篇促实践，对青少年读者知武习武有所帮助，是我们的最大愿望。

本书得以顺利出版，首先要感谢暨南大学叶勤副校长的大力支持，感谢暨南大学学生处区向丽、罗立新老师的细致指导，感谢体育部甘雷老师及其学生邱健星、庄鸿任、李晔、郭泽林为本书的武术教学表演示范。同时，暨南大学出版社胡跃生、黄圣英、黄文科、刘晶、胡艳晴、刘碧坚为本书的编写提出了诸多宝贵意见。由于编写时间紧迫，作者知识与学养局限，书稿可能存在诸多不足，敬请专家和读者批评指正。

暨南大学《武术》编写组
2013 年 10 月

目　录

上篇

武术知多少

一　武术的故事

武术的历史

1. 远古的武术

很久很久以前，在武术还没有被称作“武术”的时候，古老的中国大地上就已经流传着关于武术的各种故事。

黄帝，远古“五帝”之一

最早的关于武术的故事，可以追溯到我们的炎、黄二帝。远古的时候，炎、黄二帝争斗得非常厉害，西汉的司马迁在他的《史记》里记载了关于他们争斗的传说，神农氏末世的时候，部落之间混战，其中炎帝经常去侵略一些弱小部落，这些部落的首领就纷纷去找黄帝，请黄帝打败炎帝。黄帝就训练自己的士兵，教给他们模仿各种猛兽的搏斗技巧。很快，这支训练有素的队伍就打败了炎帝。由此可见，在华夏文明的源头就有了武术，这最初的武术只是模仿一些猛兽。

除了模仿猛兽动作的武术，当时还有使用兵器的武术，并出现了一位兵器高手蚩尤。蚩尤是黄帝的另一位对手，很令黄帝头疼，多次交手，都不能把他征服。为什么呢？《山海经》说蚩尤能够做兵器来对付黄帝。《世本》一书说，蚩尤会做戈、殳（shū）、戟、酋矛、夷矛等兵器。而《述异记》一书则描述得更详细，说蚩尤除了会用兵器，他的头上还有角，跟人打斗时，能用角去抵触敌人，敌人都打不过他。看来，远古的蚩尤不但在搏斗动作上很厉害，更重要的是他会使用各种武器，怪不得黄帝很头疼。

蚩尤，远古诸侯之一

虽然蚩尤最后还是被黄帝利用更高明的武器打败了，但不能不说他和黄帝一样，都是中国古书记载的最古老的武术英雄。

古书记载黄帝、蚩尤是夏朝以前的人，究竟他们距离我们有多遥远，我们还不确知，但是有一点可以肯定，华夏武术有一个很古老的开头，而武术一开始是和战争联系在一起的。

不过，古人也不仅仅是在战争中使用武术，他们还将武术动作编成舞，这种舞平日既供士兵操练用，也用于大型的祭祀和朝廷宴会，表演起来具有很强的震慑力。

舜帝，远古“五帝”之一

比如《韩非子》这本书里就记载着一件事，虞舜的时候，有苗这个部落经常不服领导，挑起叛乱，舜帝就调教自己的士兵，让他们拿着“干”和“戚”（qī）两种武器，操练武术动作。等到去见有苗人的时候，舜并不攻打他们，只是让士兵表演他们平日的操练，有苗的人看完之后非常害怕，很快就服输了。舜帝这种做法大概就是我们今天的阅兵表演了。

在庄严的祭祀和朝廷宴会中，也会表演这种类型的武舞。传说周公就曾将周武王攻打商纣王的场面编成《大武舞》，在祭祀的时候进行表演。表演时，表演者拿着红色的“干”和玉制的“戚”，模仿格斗的场面。这种场面非常威严，具有震慑力。看到这种舞的周人在他们的诗里歌颂表演者“有力如虎”，意思是表演者如虎一样威猛。

表示舞蹈的商、周铭文

楚国舞具大武戚

2. 先秦至汉朝的武术

在春秋时代，武术是贵族训练必修的功课，因此在当时出现了不少勇士。比如孔子的父亲叔梁纥（hé）就是鲁国的武士，《左传》记载，叔梁纥力大无比。有一次晋国攻打偪（bī）阳城，鲁国也参与其中。攻城时，偪阳人打开城门，一些攻城者冲进去，偪阳人落下城门，将攻城者关在里面。当时也在攻城者中的叔梁纥冲上去，一举将巨大的城门抬了起来，将那些被关的攻城者放了出来。孔子的父亲勇武如此，孔子本人也不弱。《墨子》记载，孔子也曾徒手挺开城门的锁。《淮南子》则说得更详细，说孔子勇猛起来超过古代的勇士孟贲（bēn），腾跳起来如兔子一样迅捷，力量大得可以扯开城门的锁。不过孔子很低调，《列子》里就说他不在武术上张扬自己。《论语》里记载，孔子也教弟子武术，他的大弟子子路就是一位善斗的勇士。

孔子（前551—前479）

春秋时的兵械武术水平也很高，《吴越春秋》一书就记载了一个关于高超剑术的故事。在越国的民间有一个女子剑术非常高明，越王勾践听说了这位女子的名声，就召请这位女子。这位女子在去见越王的途中，遇上一位袁姓老人，袁老人说："我听说你善剑术，想要请教一二。"女子很大方地接受了老人的挑战，老人就从身旁拔起一根竹子，女子也找到一根竹竿。老人向女子连刺三次，每次都被女子挡了回去。待女子反击的时候，老人纵身一跃，变成白猿从树上逃走了。女子见老人逃走，便继续去见越王。越王问："你的剑术高明，那你习的剑道是什么？"女子回答说："我住在深山野林里，从没有习过什么剑道，只不过平时比较喜欢击刺，每日练习，忽然有一天就会了。在我看来，击剑之战时，人内里精神充实，外表安静，不动就像安静的女子，动起来就像被激怒的老虎，腾跳之间，如同日影狡兔，来去无声，呼吸顺畅自然。若能如此，便可以战无不胜了。"越王听了女子的剑论，就请女子帮他训练士兵。不久，越国的剑法就闻名各国了。

《越女》（任渭长画）

这位越国女子大概是史书记载的第一位来自民间的女武林高手了。史家不惜借用一只神猿来衬托她剑法的高超，而且她还有高妙的剑论。连民间都可以出这样的剑家，可以想见当时兵械武术水平之高。

武术从战争走向个人，大概是在战国时候，当时游士往来各国，四处行走，以武术防身也就变得非常必要了，不过他们也常常挑起械斗之风，以至于社会变得不太安定。《韩非子》就称他们"侠以武犯禁"，意思是这些人仗着武力破坏社会安全秩序。韩非子将他们列为国家的五种危害之一。在这些人中，有些被高级的贵族看中，被请去当了刺客。司马迁的《史记》专门为这些刺客立了一个传，叫做《刺客列传》，其中记载了鲁国刺客曹沫、吴国刺客专诸、晋国刺客豫让、韩国刺客聂政、燕国刺客荆轲的故事。比如记载说聂政刺杀韩相侠累时，侠累身边有挺着剑戟

《聂政自屠》（南阳两汉画像石）

《荆轲刺秦王》（山东嘉祥县武梁祠画像石）

的重重守卫，聂政只身一人带着一把剑，冲上台阶，直取了侠累的性命。在纷乱之中，还转身和那些守卫搏斗，杀了几十个人后，因拒捕而自杀。又比如，荆轲刺杀秦王时，将匕首藏在地图里，趁秦王看地图时，操起匕首刺向秦王，却被秦王躲开，于是他就追刺秦王，秦王拔剑抵挡，但剑太长，一时抽不出。就在秦王没有办法的时候，荆轲被秦王的医生用药箱砸中，卫士才赶得及上来抓住荆轲。这些场面都非常惊心动魄，司马迁尽力去表现这些人的勇武。除此之外，司马迁还在书里大大赞扬了他们的侠义精神。因此，虽说韩非子对这些侠士颇有意见，但事实上他们在那个时代是很受尊敬的。

武术初步形成一些流派和套路是在汉代。《汉书》里就记载了这类关于武术流派和武术套路的书籍，可惜的是这些书多数没有流传下来，但从它们的书名也可以知道当时有一些射击、刀术、剑术、拳术流派和搏击、格斗套路。

也就在这个时候，随着汉王朝和其他国家的交往，武术流传了到国外，比如日本［当时被称作倭（wō）国］，现今日本的相扑和剑道就是那个时候从中国传过去的。

汉代是一个非常注重练力的时代，史书里记载那些大力英雄，常常用到“力拔山兮”、“力能扛鼎”等词语，言下之意是说这些英雄的力气大到可以举起一座山或者一尊大鼎。最有名的大力英雄莫过于西楚霸王项羽，“力拔山兮”就是用来赞叹他的力气的。汉武帝有一个儿子叫做

项羽（前232—前202）

刘胥，他虽为王子，但非常勇武，“力能扛鼎”就是班固用来形容他的。

专门为强身健体而编排的武术是在汉朝末年产生的，当时有一位名医叫华佗，他针对人的身体结构，模仿虎、鹿、熊、猴、鹤五种动物，创制了一种叫做“五禽戏”的健身气功法，这套功夫一直流传到现在。

五禽戏

3. 魏晋至唐朝的武术

武术融入宗教的具体时间难以确知，从文字记载来看，东晋的时候已经有了道教武术。道教武术一开始是以剑术为主导，后来又融入了本宗教的采气导引之术，逐渐形成自己的特色武术。少林武术稍晚一点，大概在北魏时期。这一时期社会不安定，经常发生战争，少林僧人练武，主要是出于护法护寺的目的。关于少林僧人习武护法护寺，《魏书》有记载。一开始时，少林武术以棍术为主，这和佛法要求戒杀有关，而棍术也成为少林特色武术，流传至今。禅和武术

僧人练功图

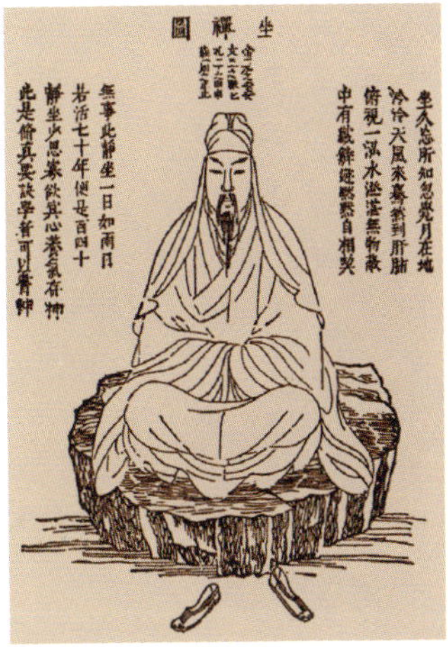

坐禅图

的融合也在这一时期，禅讲究的是悟，凡能达到悟的境界，在修行法上并无定规，武术也成为其中一种修行法，禅武因此就诞生了。

大约到了南朝宋，武术才被冠以“武术”的名称。

在唐朝，武术成为正式的选拔人才的考试，当时被称为武举，由女皇武则天创制。《新唐书》有载，称这件事发生在长安二年，也即公元702年。武举考试包括大约十项内容，除了考查射箭术、骑术、枪术、力术等武艺技能，也对参加者的相貌、身材、言语进行考查。当时的人并不太认可这种武举，不过它却开启了从文武两方面选拔人才的历史。事实上，它也选拔到了人才，比如平定“安史之乱”的大将郭子仪就是武举出身。

武术中的剑术在唐代得到很大的推崇。大诗人李白年轻时就非常好剑，还跟人学过剑术。他四处游历时，经常佩剑防身。关于唐人的剑术，杜甫曾在他的诗歌《观公孙大娘弟子舞剑器行》里有所描述，他说早年公孙大娘表演剑术，出剑干脆利落，如同后羿射掉九个太阳；收剑敛声静气，如同泛着清光的平静江面。她的气势如同雷霆震怒，身姿如同骑着神龙飞翔。从杜甫的描述可以想见唐人剑术之高超。

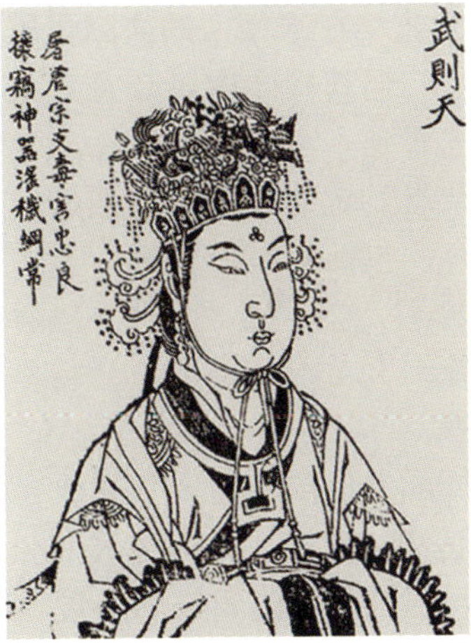

女皇武则天（624—705）

舞剑雕塑（台北故宫博物院藏）

4. 宋朝至清朝的武术

宋代相扑俑

民间武术的壮大是在宋朝。宋朝民间涌现出大量以“社”、“堡”、“山寨”为名的武术组织，这些组织平日里劳、武结合，有时候也在乡间行侠仗义，打抱不平。宋朝积弱，经常受到北方辽、金、契丹的侵扰，这些社团结社有时候也是为了抗击敌人，保卫家园。《宋史》记载，自澶（chán）渊之盟后，河朔一带的百姓自发地结社练习弓箭、剑术，他们出去锄地带着弓，上山砍柴带着剑，活动时赏罚分明，目的就是预防敌人来犯。

武术成体系是在明代。仅从拳法来看，就可以知道当时武术流派内的体系已经很完整了，明代的郑若曾在《江南经略》里提到当时流行十一家拳法，这十一家包括赵家拳、南拳、北拳、西家拳、温家钩挂拳、孙家披挂拳、张飞神拳、霸王拳、猴拳、童子拜观音神拳、九滚十八跌打挝拳。从拳法里的赵家拳来看，它又包括宋太祖掌二十六势、芜湖下西川二十四势、抹陵关打韩童掌拳六路四种。它连对应的破解法都有：锦家短打破法、九闪红八下破法、三十六拿法、三十六解法、七十二跌法、七十二解法。一套拳法不仅包括了不同的门派，连门派内的分支、对应的破解法都具备，可以想见明朝武术的体系性。

明朝的兵械武术也很成体系。十八般武艺早在宋朝人的文献里就提到了，但其具体内容却是直到明朝才看到。明朝谢肇淛（zhè）《五杂组》记载了这十八般武艺的内容，包括：“一弓，二弩，三枪，四刀，五剑，六矛，七盾，八斧，九钺（yuè），十戟，十一鞭，十二锏（jiǎn），十三镐（gǎo），十四殳，十五杈，十六钯（bǎ）头，十七绵线套索，十八白打。在施耐庵的小说《水浒全传》里还塑造了一个十八般武

明代拳法（明戚继光《纪效新书》）

《雍正行乐图》（清人绘）

艺都会的英雄史进，不过史进会的十八般武艺与谢肇淛提到的有所不同，他会“矛锤弓弩铳（chòng）、鞭锏剑链挝（zhuā）、斧钺并戈戟、牌棒与枪叉”十八般。不过，大同小异，十八般武艺的明确标志着明朝武术体系的成熟。

武术在清代有一个特别的趋向，它不再单纯地通过磨炼武技来进步，而是和中国传统文化的一些观念融合在一起，以天人合一为最高境界。从训练上来看，内练气功，外练武技，讲求以意运气，以气运身，以气助力，追求意、气、劲、形四者的有序配合，最后达到人武合一。代表性的武术有杨露禅传授的太极拳、董海川传授的八卦掌、郭云深传授的形意拳。从某种程度上来讲，这些武术并不以竞技为主要目的，调和身体与自然相协调才是他们积极追求的目标。

在清朝末年，武术在官方走向了没落，因为经过鸦片战争及其后爆发的系列战争，清政府看到以冷兵器为主导的武术在军事中发挥的作用不大，所以下令废除武举和军事武术训练，于是武术就退出了官方的军事阵战训练。但在民间的抗击侵略活动中，武术依然很重要，义和团就是一个以武术来抗击八国联军的民间组织。

形意拳

八卦掌

5. 近代至当代的武术

精武会成立照片

虽然西方的强炮逼得武术退出了官方的军事阵地，但随之而入的许多新鲜事物也使社会发生了重大变革，历史进入民国时期，武术也随即进入了一个新的时代。

1923 年 4 月，上海开办了“中华全国武术运动大会”，这是中国武术史上第一次全国武术运动会，从此武术进入了运动竞赛场。在以后国内陆续举行的运动会中，武术表演赛都被列入其中。

1929 年，由闽南地区武人组成的闽南国术团赴新加坡和马来西亚等地巡回表演，开启了中华武术团队海外巡回表演的历程。

1936 年，德国举行第十一届奥运会，当时的国术表演队随中国体育代表团前往德国表演，这是中国武术第一次在世界体坛上展现自己。

值得一提的是，在中华武术的推广上有一个赫赫有名的组织，这就是霍元甲创立的精武会。精武会前身是精武体操学校，后改名为“精武体操学会”，最后定名为“精武体育会”，简称精武会，会址在上海闸北。精武会创立是以“提倡武术，研究体育，铸造强毅之国民”为主旨。精武会主要推广武术，它所推广的武术并无门派之别，从黄河流域到珠江流域的拳械技术均有设教。精武会在当时所提出的爱国武术教育非常符合时代的呼声，很多学校和文化单位都向精武会聘请教员。精武会发展也很快，在全国甚至东南亚各地都开设了分会。但“九一八”事变后，精武会因积极抗日，陆续受到日本人的破坏。直到抗战胜利后，精武会才得以重建，东南亚各地的精武会也继续发展。

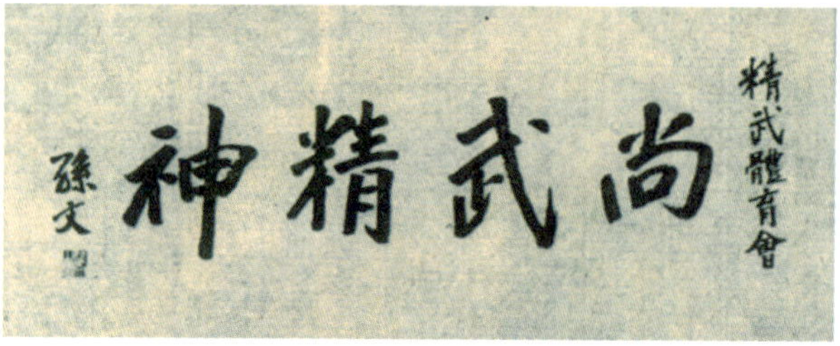

孙中山给精武会的题词

新中国成立以后，武术进入了一个全面整理时期，从武术的

国际武术联合会会徽

教育、武术运动队的建立、武术运动会的筹办到武术资料的整理、武术科学研究、武术的国际交流，中国建立了一个完整的武术体系。进入20世纪80年代，在国家的积极推动下，武术比赛活动逐渐变为国际事物。1985年，西安举行了首届国际武术邀请赛。1987年，日本横滨举行了第一届亚洲武术锦标赛。1990年，北京亚运会举行，武术第一次被列入国际综合性比赛。亚运会后，还专门成立了管理武术运动事宜的国际武术联合会，其总部设立在北京。1991年，在国际武术联合会的促成下，第一届世界武术锦标赛在北京举行。自北京奥运会申办以来，武术也一直向着奥运会比赛项目迈进。

武术对世界的影响

中华武术对外交流由来已久，最早大约可以追溯到汉朝，其后各个时期都有武术海外交流的记载。到了现代，中华武术在海外的影响力更是非同一般，这除了与我们国力的增强、武术事业的振兴有关，还有一个重要原因，那就是我们居住在海外的大量侨民，随着他们身影所到，中华武术也在世界各地生根发芽。在现代中华武术向海外传播的过程中，有两个人影响力非常大：李小龙和成龙。

1. 李小龙（Bruce Lee）和“功夫”

对于中华武术来说，李小龙不仅开创了新的武术，也是通过电影将武术推广到世界最有力的人。正是有了李小龙，中华武术才以“功夫”（Kung Fu）一名在世界掀起了热旋风。

李小龙早年照

李小龙，1940年11月27日出生在美国旧金山，出生后不久即随家人回到香港。李小龙很早就开始习武，7岁的时候，父亲就教他学习太极拳。13岁的时候，李小龙跑到九龙油麻地利达街叶问拳馆找叶问学拳。李小龙当时对拳法非常痴迷，除了向叶问学习咏春拳，他还通过父亲，向名拳师邵汉生学拳，不过这次拜师有点特别，他教邵师傅恰恰舞，邵师傅才向他教授拳艺。除了向这两名师傅学习，李小龙还向陈享学习了蔡李佛拳。为了练拳，李小龙在家设立了木人桩，每天苦练打木桩。另外，西洋拳法他也研究练习。17 岁的时候，李小龙参加了全港高中生拳击赛，以“东方式拳击”赢得冠军。

振藩国术馆馆标

李小龙 19 岁离开香港，赴美留学。在大学的时候，李小龙组织了一个功夫表演队，经常在校园里训练和表演，吸引了很多人。其后，李小龙在西雅图唐人街成立了第一家振藩国术馆，他边教边练，远近闻名，有一些当地的美国人都去拜他学拳。大概在 23 岁的时候，李小龙出版了他的第一部武术著作《基本中国拳法》。同年，他的功夫表演还被列为大学开放日的表演项目。

24 岁的时候，李小龙离开了西雅图，去了奥克兰，在严镜海的帮助下，开设了第二家振藩国术馆。也就在那一年的 8 月 2 日，李小龙受美国空手道大师艾得·帕克的邀请，在加利福尼亚州长滩召开的世界空手道锦标大赛上表演功夫。赛上，李小龙表演了双指伏地挺身、咏春寸拳。这是李小龙第一次在世界级的比赛中展示自己的功夫，而且当场就让外国人看到了中国功夫的威力。李小龙的武术名声很快就传遍了美国。

李小龙练功图

李小龙在武术上的扬名，引起了美国影视公司对他的兴趣。在他 25 岁时，20 世纪福克斯公司约请他，和他签订了演出合约。这让李小龙既高兴又很担心，高兴是因为此前还没有听说美国有哪一部影片需要一个中国人来扮演中国人，担心是因为他认为好莱坞对角色的分配，总是固守着某种偏见，比如在电视上从来都看不到真正的印度人。中国人也好不到哪里去，电视里的中国人都是拖着一条小辫，拿着一双木筷，躲在救命大侠后面，哆哆嗦嗦地喊着救命。李小龙打心眼里不愿意以这样的形象示人，他向制片人提出对白中不能有“啊，救命”、“赶快，快跑”之类的台词，他还说：“如果剧中出现辫子，或者跳上跳下的荒诞胡闹，我是不会答应签的。”最后，制片人答应了他的要求，于是他出演了他的第一部电视剧《青蜂侠》，扮演功夫男加藤，是剧中的男二号。电视剧播出后，这位擅武功的加藤非常受观众喜爱。

有必要说一下的是，《青蜂侠》的加藤奠定了李小龙以后在荧幕上一个非常经典的武术形象，那就是挥舞双节棍的形象。双节棍是中国古代流传下来的奇门兵器，其威力极大，据一本武术专著介绍，挥舞着的双节棍一端击下时，可产生 1 600 磅的力，当它缠绕到对手的脖子上，只需轻轻一拉，便可将对手绞死。李小龙在开武馆期间，曾和自己的徒弟——美籍菲律宾棍术名家丹·伊诺山度（Dan Inosanto）切磋交流过，并成为这种棍术的专家。他也经常带着双节棍来防身。大概是李小龙的双节棍形象太具有魅力，美国很多青年看过后，纷纷玩起了双节棍，以致在某些暴力事件中，有些人因此丢掉了性命。这事引起了官方的注意，某些州还立法禁止使用和拥有双节棍。

李小龙 27 岁时，正式给自己创立的武术命名为“截拳道”，取“截击对手来拳的方法”之意。截拳道是一种高度自由和灵活的全方位自由搏击术，不拘泥于任何形式，用李小龙自己的话来说就是：“截拳道不是从某种角度来看待格斗，而是从各个角度。截拳道讲究运用各种方法和手段来服务自己的目的，但是，‘但是’非常重要，它不为任何东西所束缚。”李小龙非常强调截拳道不为任何东西束缚，因为他自己认为：“任何一种武术体系，无论设计得如何智巧，当它的练习者陷进去的时候，都无法避免成为

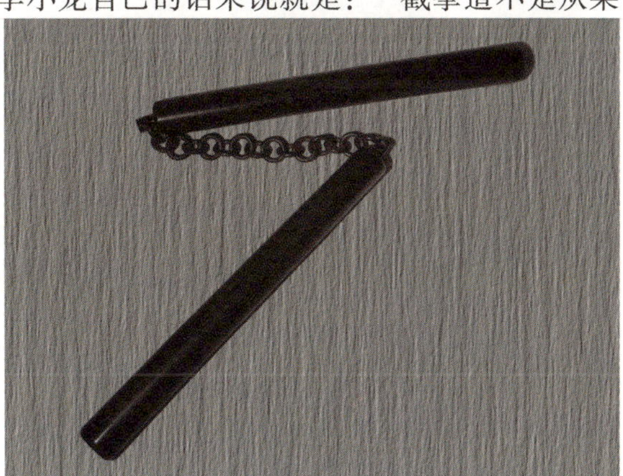

双节棍

一种牢笼。”所以，截拳道既要能够运用武术技能，同时又不能被固定的武术技能束缚。李小龙对截拳道的这种理念是来自对中国传统哲学的感悟，即所谓的“以无法为有法”，要求破除所有技能套路上的束缚、心灵的束缚，在应对来敌的时候，拳能够从心中自然流出，截住来自各个方位的攻击。当然，这种搏击境界并非靠训练某一种陈规的拳法所能达到的，它要求习武者广泛学习中西各家各路的拳法，勤奋苦练，从不同角度来完善自己，融会贯通，从而达到能应对各方来敌的境界。李小龙所要求的就是，最后拳能变成习武者最自由、自然的表达方式。在 1967 年的长滩国际空手道锦标赛上，李小龙和弟子搭档，作了截拳道自由搏击示范表演，从此截拳道作为李小龙创立的功夫，在美国习武者中流传。

1971 年，李小龙受香港嘉禾电影公司的邀请，回香港拍摄了两部电影——《唐山大兄》和《精武门》。这两部片子取得了巨大的成功，也确立了李小龙在荧幕上杀气凌厉、充满正气和爱国情感的功夫硬汉形象。在这两部电影的影响下，功夫片成为一种非常流行的电影题材。而功夫也在年轻人中掀起了热旋风。其后不久，李小龙被美国《黑带》杂志评为本年度“黑带群英殿”名人。

1973 年，李小龙 33 岁，因病在香港逝世，留下一部未完成的片子《死亡游戏》。在他身故后的第二年，他依然被美国《黑带》杂志选入“黑带群英殿”。作为一个华人，他以他的真功夫和电影获得了世界普遍的尊敬。

李小龙《唐山大兄》海报

李小龙不仅是武术实践者，也是一位武术哲学家，对于武术他有一些很有益的观点：

对我而言，挑战仅仅意味着：你将对挑战作何反应？它是如何影响你的？如果你的内心表现出从容镇静，你就会把挑战看得非常轻微。可能你会反复问自己：“我真的害怕那个人吗？”“他会把我打倒吗？”但是，如果我没有这种疑虑，没有这种担心，我就会把他看得微不足道。这好比，遭遇今天的滂沱大雨，我相信明天太阳还会再次升起。

武术本身不是一个输或者赢的问题，而是那一刻什么东西正存在着的问题，是那一刻全身心地投入去做最好自己的问题。过程才真正重要，结果就留到以后吧。因此，成为一个武术家也意味着成为一个生活的艺术家。生活是一个永无止境的过程，一个人应该融入到这个过程之中，去发现实现自我、拓展自我的途径。

我坚持要求《精武门》中我扮演的陈真这一角色最后的结局应该是死亡。这意味着对暴力的歌颂是错误的。陈真杀了太多的人，他应该为此而偿命。

我不赞成在电影中宣扬暴力，如果电影中宣扬了暴力，那就是不健康的电影。……崇尚暴力是有害的。

2. 成龙（Jakie Chan）和中国功夫

如果说李小龙是用电影将中国武术带到世界观众面前最有力的人，那么在他去世后，成龙，Jakie Chan，是继他之后使世界观众继续喜欢和关注中国功夫的人。

李小龙塑造了荧幕上经典的刚猛彪悍的功夫“硬汉”，成龙却一改李小龙的戏路，他在展现过硬的武打演技的同时，又以谐趣幽默的方式给刚硬的功夫男注入了许多温情和亲切的气质。他重塑的功夫男形象又一次扫荡了世界人民的心。

成龙，1954 年生于香港，只上了小学一年级便进入戏剧学校学习。在戏剧学校，成龙接受了十年过硬的京剧武生演技训练，包括武术、演唱等。1977 年，导演袁和平拍《蛇形刁手》时发掘了成龙。在拍片过程中，成龙不但表演了他过硬的拳脚功夫，同时还把自己喜趣幽默的个性融入角色，加入许多搞怪逗笑的因素。成龙在《蛇形刁手》中所饰演的简福可爱、幽默、顽皮、阳光、亲切，一改往日功夫片里功夫男的生硬凶猛，一上映就让观众耳目一新：原来武侠除了李小龙那样阳刚凶悍的，还可以像成龙一样可爱阳光，而且也不必老是和血淋淋的场面联系在一起。成龙一下子就在观众心中确立了谐趣搞笑的“功夫小子”形象。

继《蛇形刁手》之后，袁和平又找成龙拍摄了《醉拳》。成龙在片中饰演了调皮功夫小子黄飞鸿。成龙在《醉拳》里延续了《蛇形刁手》中的功夫小子形象，依旧是笑态百出，同时也发挥了自己京剧武生的特长，将自己的功夫动作设计得富有节奏，中间又夹杂着杂技、身段的表演，具有

京剧武生邮票（2007 年发行）

很强的可观性。此片上映后很快直追李小龙的《精武门》，也和前一部片子《蛇形刁手》一起，开启了“谐趣功夫片”的先河。

有人曾将李小龙的功夫片和成龙的功夫片作了一番对比，说李小龙所代表的是“出自正宗”，强调“硬马硬桥”的“南派功夫片”，成龙所代表的是强调表演性的“北派功夫片”。在真功夫的比拼上，北派可能比不过南派，但成龙避免了这一不足，而是发挥“北派功夫”的表演特长，糅合自己精灵古怪的喜剧特点，走出了一条符合电影观赏性的“北派功夫片”之路。除了在功夫表演上，成龙和李小龙有很大差别，还有非常重要的一点，那就是在影片中，李小龙一出场就是大英雄，不到万不得已，绝不动手，一动手准能制服敌人。成龙则不同，他出场时并不厉害，经常受人欺负或失败，后来经过苦苦训练，才艰难战胜敌人。确切地说，观众在电影中见证了成龙经历了一个由“虫”变“龙”的过程，这样一个见证过程，展现了一个比较立体的功夫小子形象，从而也更容易抓住观众的心。

1982 年以后，成龙又开辟了另一条功夫路线，即功夫警察。在《A 计划》中，成龙一改往日调皮捣蛋的功夫小子形象，饰演了一位成熟正直的警察。在表演中除了表现过硬的打斗功夫，成龙还巧妙地将一些小道具加入打斗过程，比如一辆自行车、一根竹竿、一把梯子，在危急关头用它们来应付敌人，搞得笑料百出。为了使场面看起来更加惊险，成龙还加入了非常拼命的镜头。比如在敌人的追杀下，被迫从三楼跳下，这个镜头成龙没有要替身，只有三层阻挡的布帘，成龙从楼上跳下时，穿过这三层布帘，重重栽在地上。这个镜头将电影推向了高潮，而成龙也开始了他在功夫警察路上的搏命表演。《A 计划》上映后，依然以高难度的动作、笑料百出的打斗场面、紧张的故事情节赢得了观众的心，票房又一次创下新高，而富有正义和责任感的功夫警察陈 sir 也开始进入观众的心。

继《A 计划》之后，成龙开始拍摄《警察故事》。在《警察故事》里，成龙扮演的家驹虽然只是个小人物，但忠于职守，有大义，功夫了得，而且性情十足，既有爱憎分明、永不放弃的优良品质，同时也有意气用事、欲望挣扎的血肉感情。这样的一位功夫英雄，在观众看来并不是遥不可及、坚不可摧的，他真实、平易近人，也和普通人一样遭遇种种挫折，然后才能艰难取胜，观众对他充满了同情和敬佩。影片上映后，除了十分卖座外，还夺得了香港的第 13 届电影金像奖。据说，也因为这一部影片，香港警察在香港人心中的形象获得了大大的改善。成龙自己则认为这部电影是他最满意的作品。

不负成龙所望，这部片子也赢得了 1987 年台湾电影金马奖特别奖，这是该奖项第一次被颁发给一位动作明星。台湾的《联合报》评论道："金马奖决定颁发金马特别奖给成龙，是金马奖首次对仍在第一线上工作的杰出艺人主动予以肯定，是对始终与金马奖无缘的成龙的重视。成龙获金马奖，是因为他的影片成功地打开了日本及欧美市场，使中国片成为国际商业体系欢迎的电影。成龙在影片中认真、忘我、富于献身精神的表演方式，不但在港台艺人中少见，就是在国际艺人中亦是罕见，所以成龙不但为亚洲观众所崇拜，也为国际观众所崇拜。他对电影艺术的贡献无疑是杰出的。"

成龙《警察故事》海报

成龙也凭此片获得了一些国际殊荣。1987 年，美国加州将 1 月 2 日定名为"成龙日"。同年，此片获选参加第 25 届纽约影展，电影上映后，引起了强烈反响。权威杂志影评人认为"这是本届影展中唯一让他觉得有趣而不做作的电影，成龙在片中以马戏式动作重新诠释了打斗场面，不依靠

"中国龙"成龙

爆炸或重型武器，而是展示了对人体速度、平衡与节奏的杰出控制，已达到艺术化境界"。

1988年以后，成龙接着又拍了《警察故事》的续集，共三部。在这三部影片中，成龙进一步将自己的功夫警察形象推入人心，同时动作设计也越来越大胆冒险，比如在续集一里，他设计了一个爆炸场面，据说这是当时亚洲电影里最壮观的爆炸场面；在续集二里，最惊险的场面是成龙拽着直升机飞过吉隆坡的上空；在续集三里，成龙更大胆，他干脆就借着滑雪，从山顶跃起，抓住盘旋的直升飞机。成龙的这种搏命出演，全是建立在真实的肢体动作上，被电影界誉为"肉身神话"。为了观众，可以说成龙将自己豁出去了。成龙还凭借续集《超级警察》再次获得了台湾的电影金马奖。

除了《警察故事》系列电影，为了开拓好莱坞的市场，成龙还拍了《红番区》、《霹雳火》、《我是谁》、《尖峰时刻》等电影，这几部电影在美国上映后，商业上获得巨大成功，成功树立了在美国人心中的"功夫皇帝"形象。成龙个人也受到了好莱坞的重视，1997年底，在好莱坞的中国剧院外水泥地上，他留下了脚印、手印、鼻印和签名。影剧权威月刊《好莱坞报道》将成龙作为封面人物，以"向成龙致敬"为标题，用了16页的篇幅专门介绍了成龙，以显示好莱坞向这位功夫巨星的认同和尊重。

与在电影中的形象一样，成龙是一个非常具有爱国心的人。他很关心国家事务，在国际上行走时，也非常注重自己中国人的身份，自觉维护中国形象，他说："我出席任何场合都一定穿唐装，因为我需要有自己民族的文化。""我是想作为中国人争光的一分子。如果爸爸在我小时候把我送到体操队的话，我一定是个金牌选手，我会为我们国家升起五星红旗。但是我知道我现在做不到，但我会用另外一种方式为我们中国人争光。看我在外面所拍的电影，从头到尾没有丢过我们中国人的面子。当我到好莱坞的时候，我看到那个手印、脚印没有我们的，我要去做到！经过努力，我终于做到了。"

成龙，一条搅动全世界人心的"中国龙"。

武侠小说里的武术

在影视出现以前，武侠小说可以说是人们了解武术的最主要途径。中国武侠小说的渊源很早，大概可以追溯到汉以前的《燕丹子》，以后历代都有武侠小说，尤其是唐、明、清这三个朝代，武侠小说更有了突破性发展。到了近代，武侠小说的发展可谓蔚为大观，涌现了大量蜚声中国文坛乃至海外华人世界的武侠小说家，武侠小说达到了鼎盛。纵观中国的武侠小说，唐以前的对武术描写较少，着重描写的是侠。在唐代的武侠小说里才看到比较完整的对武术的描写。明、晚清，一直到近、现代，武侠小说里的武术描写才逐渐加重分量，以至成为主题。中国武侠小说里的武术大概可以分为以下几类：一是传统技击武术，二是诗意武术，三是神化武术。

武松打虎雕塑

1. 传统技击武术

传统技击武术描写一般比较集中在古典武侠小说里，比如《虬髯客传》、《隋唐英雄传》、《水浒传》、《杨家将》、《薛家将》、《呼家将》、《三侠五义》、《小五义》等。这些武侠小说所描写的武术门类很多，刀、枪、棍、棒、剑、点穴、暗器、内功都有涉及。在武术打斗场面中，这些武术动作经常被作者描写得很精彩，读者往往会被感染。

家喻户晓的武松打虎就是这种场面的代表，里面糅合了棍术、腿功、拳术，在惊心动魄之余，能让人感受到武松一招一式的威力。且让我们来看一看这一场面：

武松和那大虫复翻身回来，双手抡起哨棒，尽平生力气只一棒，从半空劈将下来。只听得一声响，簌簌地将那树连枝带叶劈脸打将下来。定睛看时，一棒劈不着大虫，正打在枯树上，把那哨棒折做两截，只拿得一半在手里。

哨棒，一般解释为行路防身用的棍棒，也有人认为它的一端有孔，挥舞时会发出凌厉之声，可以驱走野兽。武松随身带着它，说明武松平日里是会棍术的。这里虽然只写了区区一棒，但足见武松棍术的力道，因为棒子竟然打折了。没了棒的武松只好赤手空拳来对付大老虎了：

……武松把半截棒丢在一边，两只手就势把大虫顶花皮肐膳地揪住，一按按将下来。……武松把只脚望大虫面门上、眼睛里，只顾乱踢。那大虫咆哮起来，把身底下爬起两堆黄泥，做了一个土坑。武松把那大虫嘴直按下黄泥坑里去。那大虫吃武松奈何得没了些气力。武松把左手紧紧地揪住顶花皮，偷出右手来，提起铁鎚般大小拳头，尽平生之力，只顾打。打到五七十拳，那大虫眼里、口里、鼻子里、耳朵里，都迸出鲜血来，更动弹不得，只剩口里兀自气喘。

武松打死这老虎全凭腿和拳。武松的腿先拣老虎的面门、眼睛等要害部位猛踢，把老虎打得只往土里钻。而武松的拳更厉害，作者形容说是“铁鎚般大小拳头”，“铁鎚”就是铁锤子，历来形容“拳”威力大就用“如铁”这个词，“铁鎚”意义应与此相仿，大老虎在这铁拳下被硬生生地打得七窍流血。终于，在这名副其实的“拳脚交加”下，老虎被活生生打死，而武松赤手空拳打虎的高强也随着作者的描写名扬后世。

点穴这一武术比较神秘，因为它只是一“点”，时间短，至于点的人

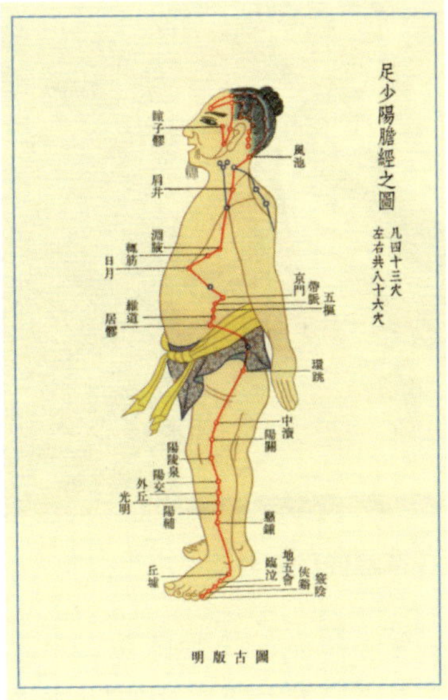

人体穴位图

如何出手，被点的人有何感受，除了当事人，一般很难让人体会。《三侠五义》里写了一个点穴高手欧阳春，我们来看看他是如何点穴的：

只见白玉堂拉了个回马式，北侠故意的跟了一步。白爷见北侠来的近切，回身劈面就是一掌。北侠将身一侧，只用二指看准肋下轻轻的一点，白玉堂倒抽了一口气，登时经络闭塞，呼吸不通，手儿扬着落不下来，腿儿迈着抽不回去，腰儿哈着挺不起身躯，嘴儿张着说不出话语，犹如木雕泥塑一般，眼前金星乱滚，耳内蝉鸣，不由的心中一阵恶心迷乱，实在难受得很。

这一段写清了出手人如何出手：武器——二指，手法——看准肋下轻轻的一点。这一招虽然看似简单，但实际上可能比拳腿的打击功夫要难得多，因为“二指”不可能随便当武器的，它们必定是经过多种特殊的训练，才刚好够点穴的力道。而“肋下轻轻一点”更难，人身365处穴位，隐秘难寻，而且人各不同，要记准了，点对了，难上加难。所以，点穴术非一般人所能掌握，会的都是武林高手，譬如此处赫赫有名的北侠欧阳春。而被点的人是何滋味，看看被点的白玉堂就知道了：经络闭塞，呼吸不通，全身不能动弹，恶心迷乱，难受得很。看到这里，想必读者也会跟着难受一把。至此，我们也就基本了解了点穴术是个什么样子。

古典武侠小说中这类传神的武术描写还有很多，在此仅举这二例。从这二例中，读者就已经感受到传统武术的威力，所以古典武侠小说不失为传播中华武术的好途径。

2. **诗意武术**

除了写实性技击武术描写，武侠小说还经常将武功描写得很诗意，这在现代武侠小说里比较易见，代表是梁羽生、金庸。他们主要通过两种方法来展现诗意的武功：一种是将武功画面描写得极美，读后让人如痴如醉；另一种是作者自创一些招数，将极诗意的事物化入武功，让人遐想连篇。

前者的代表有梁羽生“飞花扑蝶玉女显神通”（《萍踪侠影》）的描写：

连环画《萍踪侠影》封面

……忽见繁花如海之中，突然多了一个少女，白色衣裙，衣袂飘飘，雅丽如仙，也不知是从哪里来的！那少女向着阳光，弯腰伸手，做了几个动作，突然绕树而跑，越跑越疾，把方庆看得眼花缭乱，虽然身子局促在石隙之中，也好似要跟着她旋转似的。方庆正自感到晕眩，那少女忽然停下步来，缓缓行了一匝，突然身形一起，跳上一棵树梢，又从这一棵跳到另一棵，真是身如飞鸟，捷似灵猿。那少女在树上奔腾跳跃，满树桃花，竟无一朵落下！

这里的这位少女即是号称“武林第一美人”的云蕾，她是《萍踪侠影》里的女主人公。这是她初次出场的场面，作者将她置身于桃林，让她从万千桃花中穿过，竟然没有惊落一朵桃花。此等轻功，此等身姿，配上此等容貌，非一个“仙”字所能形容，读者看来只能尽脑中的想象来想见其美了。更美的还在后面：

再看时，那少女又从树上跳下，长袖挥舞，翩翩如仙，过了些时，只见树枝簌簌抖动，似给春风吹拂一般，树上桃花，纷纷落下。少女一声长笑，双袖一卷，把落下的花朵，又卷入袖中。悠悠闲闲地倚着桃树，美目含笑，顾盼生姿！……过了一会，那一大群蝴蝶，适才被少女在枝头惊走的，又飞了回来，游戏花间。少女突然双袖一扬，无数桃花纷纷自衣袖之中飞出，蝴蝶吱吱怪叫，落了一地。……转瞬之间，那些落地的蝴蝶又展翅飞起，只听得那少女笑道：“蝶儿呵，累你们受惊了，我也不再打搅你们啦！”缓缓步入花树丛中，进入了桃林后面的小屋。

看至此，想必读者都痴了：桃花做暗器，蝴蝶做暗器，无关杀戮，不沾血腥，落花、美人、蝴蝶缤纷交汇，簌簌桃林中得此一景，不知花之幸还是人之幸，而这幸运全得自于少女非凡的武功，梁羽生可谓将自己的文思发挥到了极致。

金庸则又另有妙思：

……秃笔翁微感失望，道："你不懂书法？好罢，我先跟你解说。我这一套笔法，叫做《裴将军诗》，是从颜真卿所书诗帖中变化出来的，一共二十三字，每字三招至十六招不等，你听好了：'裴将军！大君制六合，猛将清九垓（gāi）。战马若龙虎，腾陵何壮哉！'"

这秃笔翁即《笑傲江湖》里梅庄的三庄主，其人善书法，以书法自创武术，此处就是他和令狐冲比武时，向令狐冲介绍自己书法武术的招数，这套武术是他从颜真卿的《裴将军帖》中化出的，且看他如何出招：

秃笔翁大笔一起，向令狐冲左颊连点三点，正是那"裴"字的起首三笔，这三点乃是虚招，大笔高举，正要自上而下的划将下来，令狐冲长剑递出，制其机先，疾刺他右肩。秃笔翁迫不得已，横笔封挡，令狐冲长剑已然缩回。两人兵刃并未相交，所使均是虚招，但秃笔翁这路《裴将军诗》笔法第一式便只使了半招，无法使全。他大笔挡了个空，立时使出第二式。令狐冲不等他笔尖递出，长剑便已攻其必救。秃笔翁回笔封架，令狐冲长剑又已缩回，秃笔翁这第二式，仍只使了半招。秃笔翁一上手便给对方连封二式，自己一套十分得意的笔法无法使出，甚感不耐，便如一个善书之人，提笔刚写了几笔，旁边便有一名顽童来捉他笔杆，拉他手臂，教他始终无法好好写一个字……

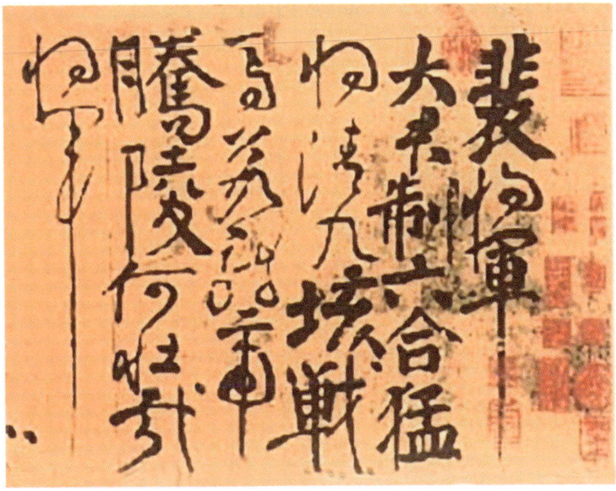

颜真卿《裴将军帖》

秃笔翁招招都循书帖而来，若是懂得书帖的人，很容易在接招时陷入他的招数。可惜他碰上的是对书帖一窍不通的令狐冲，所以每每出招，就被只懂得拣人破绽出招的令狐冲击破。书法虽美，武功也妙，但遇上了一个乱撞乱打的村牛，只能无可奈何。在此，金大侠幽了大家一默，不过一笑之余，其心思之妙也让人赞叹不已。

梁宗师、金大侠，一个发挥想象营造极致美丽的武功画面，一个妙运心思化传统书法为武功招数。虽然他们的武术套路在读者看来有些不经，但他们在武术中化入传统书画、音乐、舞蹈，融入传统哲学思想，让武功变得极美，极富诗意，吸引了很多人。

3. **神化武术**

如果说技击武术和诗意武术都是建立在侠士勤奋苦修的武术功力上，那么武侠小说中还有一种武术则是建立在灵异的法术和武术的结合上，这种就是神化武术，在仙剑小说里出现得比较多。仙剑小说这一名称出现得很晚，但题材内容可以追溯到唐朝，因为唐朝奉道教为国教，修真修仙之风盛行，而剑术是道教的代表武技，修真、修仙者多会剑术，因此也相应地出现了将仙术和剑术相结合的小说。这一小说传统延续下来，仙剑便成了神化武术的集大成者。至于近代，仙剑小说更是达到了登峰造极，小说所营造出的仙魔世界，电光火石，包罗万象，充满了神奇和灵异，令人叹为观止。在众多的仙剑小说家中，还珠楼主李寿民可谓杰出者，他的《蜀山》系列，包括前传、后传、别传、续传等，构筑了一个洋洋大观的仙剑世界，他所描绘的仙剑斗魔场面尤其以惊心动魄著称：

……白云大师与髯道人各人占了一个山峰，指挥剑光，与那蛇对敌，斗了半日，不分胜败。白云没奈何，只得与髯道人打个招呼，各人将剑光收起。那蛇看见剑光忽然退去，认为敌人已败，正待向白云大师扑来。忽然从白云大师手中飞起一物，通体红光耀目，照得山谷皆红。原来白云大师见剑仍是不能取胜，已是将匣内蜈蚣放出。这蜈蚣才一出匣，迎风便长，长有丈余。那蛇见蜈蚣飞来，知道已逢劲敌，更不怠慢，拼命地喷火喷雾，与那蜈蚣斗在一起。斗有片时，那蜈蚣一口将蛇的七寸咬住，那蛇也将蜈蚣的尾巴咬住，两下都不肯放松。那蛇被蜈蚣咬得难受，不住地将长尾巴在山石上扫来扫去，把山石打得如冰雹一般，四散飞起，煞是奇观。这时，他三人已走在一处。髯道人意欲将玄英剑放起，助那蜈蚣一臂之力。白云大师怕伤了蜈蚣，连忙止住。正说话时，忽然震天动地一声响过去，蛇与蜈蚣俱都纹丝不动。原来那蛇被咬，负痛不过，一尾扫过去，将谷口凸出来有丈许高的山石打断，恰好正落在它的头上，打得脑浆迸裂，那蜈蚣也力竭而死。

这里先是仙家指挥剑和蛇魔斗，后又祭出法宝蜈蚣，打斗场面很大，几个山头的石头都被打掉，又兼以喷火喷雾，可谓打得昏天黑地，而仙家只是站在远远的山头指挥。读者读这类场面应该很过瘾，因为它能充分满足人的神奇幻想。但于武术方面，这已然不是纯粹的武术了，仙、武交混，武在外，仙在内，更多是借武术来彰显仙术，至于武术本身，可研究的甚少，因此这类武术也是仅供读者一观而已。

道教仙人吕洞宾执剑图

从技击武术到诗意武术再到神化武术，我们大概可以一窥中国武侠小说里的武术概貌。无论是写实的描写、诗意的描写，还是神幻的描写，它们都从不同的角度展现了中华武术的神奇和伟大，我们不仅从中领略到武道、武功，也领略到它们所负载的优秀传统道德、传统艺术。而且，因为武侠小说向来有着广阔的受众范围，所以武侠小说里的武术也影响着大批的武术爱好者，这也包括海外的华人。可以说，武侠小说里的武术是丰富多彩的中华武术文化的一部分，是发挥中华武术文化影响力的重要构成。

二　中华武林高手

中华武林

中国有博大精深的武术文化，有源远流长的武术历史，武林自然也是人才济济，高手辈出。在灿烂的中华武林中，闪耀着这些人物：公孙接、田开疆、古冶子、提弥明、养由基、专诸、越女、豫让、荆轲、曹沫、项羽、季布、郭解、李广、吕布、关羽、张飞、赵云、马超、黄忠、太史慈、孙策、韩擒虎、李靖、昆仑奴、聂隐娘、红线女、李元霸、程咬金、裴元庆、罗成、单雄信、王伯当、哥舒翰、郭子仪、赵匡胤、呼延赞、杨延昭、杨文广、展昭、白玉堂、彻空、岳飞、岳云、韩世忠、梁红玉、武松、林冲、鲁达、戴宗、时迁、李逵、燕青、花荣、卢俊义、方腊、张三

三英战吕布

丰、常遇春、徐达、戚继光、觉远、窦尔敦、杨露禅、张三爷、大刀王五、燕子李三、霍元甲、黄飞鸿、杜心武、玉娇龙、罗小虎、李慕白、俞秀莲、云蕾、黄蓉、郭靖、小龙女、杨过、沙子龙、神鞭……这些人物或是历史上实有其人，或来自于民间传说，或来自于武侠小说，虽然他们并不全都是真实的历史人物，但已然成为国人心中耳熟能详的中华武林高手，是国人心中的武林代表。

1. 史籍里的武林高手

被载入史籍而留名千古的武林高手多是有战功者，比如公孙接、田开疆、古冶子、养由基、李广、吕布、关羽、张飞、赵云、马超、黄忠、太史慈、孙策、韩擒虎、李靖、哥舒翰、郭子仪、赵匡胤、呼延赞、杨延昭、岳飞、常遇春、徐达、戚继光等人都是史上的战功显赫者，史籍关于他们的战功事迹或详或略都有记载，可以通过史籍了解他们。

比如，公孙接、田开疆、古冶子，这三人都是春秋时代齐景公手下的三位大勇士，关于他们有一个著名的故事就是“二桃杀三士”。《晏子春秋》有比较详细的记载：公孙接、田开疆、古冶子三人都是齐景公身边最有名的勇士，力能搏虎，但天长日久，他们生出骄傲自满之心。晏子觉得

武林高手雅集留影（民国老照片）

长此下去，这三人必会恃武力而生祸乱，于是想到一个法子来除掉他们。有一天，晏子请齐景公赐给他们三人两个桃子，让他们按功劳大小来分配。公孙接首先不客气，拿过桃子就说："我曾在密林中先搏杀野猪，又打败老虎，谁的功劳有我大?"田开疆马上拿过第二个桃子说："我曾领兵击退三军，论功劳，我该有一个桃子。"古冶子说："我年轻的时候曾随国君渡河，河中出现大鼋（yuán），将国君的左驾拖下急流。我一个人顺流潜行九里，抓到大鼋，左操马尾，右提鼋头，从河中跃出，看见的人都以为是河伯。论这样的武功，难道不能吃桃吗?"说完拔剑而起。公孙接、田开疆见状，马上羞愧地放下桃子，说："论武功，我们确实不如你。拿了桃子又不让，是贪。承认了错误而不死，是无勇。"说完，他们二人就自刎而死了。古冶子见他们二人都死了，痛惜地说："他们都死了，我独活着，这是不仁。自夸功劳，使别人感到羞耻，这是不义。痛恨自己的行为而不死，是无勇。"说完，古冶子也自杀了。虽然三士之死，起因为桃，但他们死得壮烈，有气节，体现了武人的节操。

连环画《二桃杀三士》封面

养由基是春秋时楚共王手下的名将，善射，《史记》称其"去柳叶百步而射之，百发而百中"。《左传》记载了他的故事：鲁成公十年，楚、晋两国交战，战争一开始，养由基就显现出非凡的射艺，他一箭能射穿七层铠甲。后楚共王在交战中被晋国大将魏锜（qí）射中了眼睛，他急忙召来养由基，只递给养由基两根箭，要养由基射杀魏锜。养由基张弓搭箭，只一箭就射中了魏锜的脖子，魏锜倒在了弓衣下，养由基带回剩下的一支箭向楚王复命。这是正史记载的关于养由基高强射艺的故事。在民间还衍生出一个传说：传说楚王出猎

养由基射猿图

“飞将军”李广（？一前 119）

的时候，在一个密林前射野兽，每射一箭都被一只通臂猿截走。楚王很生气，他召来了养由基。猿猴一见是养由基来了，还没等他张弓，就泪流满面了。后来，猿猴果然被射死了。

同样以射技闻名而立有战功，被载入史册的是汉朝的李广。李广是汉武帝时期的名将，《史记》载有其事。《史记》载，李广晚年居家的时候，有一次出猎，看见茂草中伏着一个大物，以为是老虎。李广张弓搭箭射出，前去寻找的时候，发现射中的是一块大石，箭镞已完全没入了石头。李广早年在军中时即有“飞将军”称号，这个称号的得来还有一段传奇故事。《史记》载，李广戍守雁门关的时候，带兵出关攻打匈奴。匈奴兵多，李广这边人数少，结果李广的军队被打败，匈奴人生擒了李广。匈奴单于素来就听闻了李广的声名，他曾嘱咐自己的士兵，擒到了李广，一定要见活的。李广被擒时，身上负有重伤，匈奴人用一个网把他兜住，系在两匹马上。走了十几里，李广看到身边的胡人少年骑着一匹好马，就腾空跃起，将胡人少年推下马，自己则坐上马，快速鞭马回逃。百余匈奴人在后面追，李广还拿起少年的箭回射，一直逃到几十里开外，遇到了自己的余部，才返回关内。自此，匈奴人便敬畏地送给了李广一个“飞将军”的称号。后来李广戍守右北平的时候，匈奴人听说守将是李广，便不敢来犯了。

连环画《飞将军李广》封面

当然，来自史籍的武林高手也不全是以战功闻名，还有一些人，比如专诸、豫让、荆轲、曹沫、季布、郭解等人则是以侠义名声被载入正史。《史记》就专门为专诸、豫让、荆轲、曹沫等人急赴人难、慷慨舍身的事迹立了一个《刺客列传》。对于季布，《史记》载时人传其“得黄金百斤，不如得季布一诺”，司马迁在文中对其重诺重义的事迹用了很多的笔墨。郭解是《史记·游侠列传》的传主，此人短小精悍，年轻时杀人掘墓，年纪大了便隐藏市井，时常帮人解围，以德服人。家里有人因不义而被杀，他只悄悄埋葬，并不报仇。郭解的形象后来成为武侠小说塑造武侠的典型。

2. 民间传说里的武林高手

史籍所记载的高手都是功勋卓著者或做了惊天动地的大事的人，这些人只是武林的一部分，还不能代表整个武林。其实在民间有很多武功卓著，并未被录入史籍，但流传于人民口头的武林高手，彻空、觉远、窦尔敦等人便是。

彻空是北宋真宗年间的一个和尚，能一口气把灯焰吞到嘴里，闭气而灯焰不灭。发功时，彻空聚精会神，能调动全身之气，气使到哪里，哪里的肌肉便会鼓起，坚硬如铁。彻空将这种功夫称作“鹤拳”，取“鹤之精足，鹤之心静”之意。彻空曾经两次展示过他这一功夫。一次是在他堂弟的婚宴上，众人要彻空展示一下功夫，彻空便找了一个趴满蚊子的水沟，露出胳膊，让蚊子叮满他的手臂。他闭气使劲，手臂上的肌肉鼓起来，蚊子也骚动了，有几只叮在上面，竟然挣扎着飞不了。仔细一看，原来蚊子的嘴陷在肌肉里，拔也拔不出来。众人不禁大为叹服，纷纷要彻空传授武艺，彻空只是谦虚地回到了少林。彻空第二次展示武功是在少林寺遭土匪围攻的时候。当时彻空带领众僧抵抗，分配好众人后，他独自一人拿着一把长棍守在寺门口。土匪围攻上来，他几棍就击退了土匪。土匪见围攻不破，便改用射箭，谁知箭射过去竟不能穿其身，纷纷掉在了地上。后来土匪们便改用炮，炮石打在彻空的身上，竟然也击他不倒。土匪们悻悻而退，众僧围看彻空，发觉彻空身上只有被击打的红斑，并未有大的损伤，不禁都称赞他“神功盖世”，而彻空的鹤拳也

僧人习武

就这样流传了下来。

觉远是明熹宗时期少林寺的和尚。一次，他在外云游时碰到了一位老人，这位老人身怀绝技。觉远决心拜老人学艺，于是在老人门外没日没夜地连守了几天，其间狂风暴雨，他也没有半点退缩。老人为觉远的诚心所感，答应传授他功夫。老人教觉远时，把觉远带到野外，一句话不说，屏住气，瞪着眼睛，伸出两指往石头上一点，石头立时炸开。老人说这种功夫叫柔术，以眼为第一要着，其要诀在于眼尖手快，步坚力实。道理虽然简单明了，但用起来很复杂。老人将这眼法分为几家，关中派遇敌的时候，先用眼注意敌人的肩窝；洛派遇敌的时候，用眼注意敌人的胸膛；北派遇敌的时候，用眼注意敌人的手足；川、黔、湘、楚的拳家则是首先注意敌人的眼光；少林派则沉静于自己的内功，解脱生死，心定神清，以敌人之眼光为目标，不注自注。觉远悉心听取老人的教导，细心揣摩，苦练少林内功，终于成为一代高手。

大名鼎鼎的窦尔敦是河北献县人氏，他曾经跑到御马苑盗御马，于是便有了“盗御马的窦尔敦”之称。窦尔敦何来这么一身本事，敢上御苑盗马？这不得不提提他早年学武的故事。窦尔敦曾三次上少林寺学武，第一次去少林，少林寺只让他练站功，等他站功练得差不多，就让他双手平托东西练臂力。窦尔敦老老实实在少林练了三年武功，可以力举千斤。但为了报仇，他私自跑下了山。谁知下山不但没报成仇，差点还被仇家抓住。窦尔敦只好再上少林，少林长老罚他烧三年火。少林寺烧火也是一门功夫，少林僧多，烧饭炉灶多，和尚们同时要照看几个炉灶，须得不停地在炉灶间跳来跳去，时间长了，也能练出功夫。除了在烧火上练功夫外，窦尔敦还得走梅花桩、打柴、挑水，不停地负着重物奔来跑去，日子久了，卸去重物，脚上的轻功居然也长进了很多。又过三年，窦尔敦觉得自己可以下山了，便又跑下山去。这次虽然打杀了仇家不少人，但还是未能血仇。窦尔敦只得再回少林，这次他在长老面前负荆请罪，长老又原谅他了。窦尔敦安下心来，在寺里扎扎实实地练了四年功，学

连环画《窦尔敦》封面

到一身绝艺，直到长老发话他可以下山，他才拜别。下山之前，他通过了门前武僧的挑战，然后去报了仇，血了恨，从此浪迹江湖，直至以盗御马而闻名。

3. 武侠小说里的武林高手

无论是史籍记载还是民间传说，这些人物都是实有其人，并不是虚构的。在中华武林中，还有一类人比较特殊，这类人在武林的影响力非常大，华人提起他们便如数家珍，但实际上他们不是真实的历史人物，而是小说虚构的，昆仑奴、聂隐娘、红线女、玉娇龙、罗小虎、云蕾、黄蓉、郭靖、小龙女、杨过、沙子龙、神鞭等便是。昆仑奴、聂隐娘、红线女来自唐人的传奇，玉娇龙、罗小虎、李慕白、俞秀莲来自王度庐的武侠小说《卧虎藏龙》，云蕾是梁羽生的小说《萍踪侠影》的女主人公，黄蓉、郭靖、小龙女、杨过分别来自金庸的小说《射雕英雄传》和《神雕侠侣》。沙子龙是老舍小说《断魂枪》里的人物，神鞭则来自冯骥才小说《神鞭》。前面的几个人物一般人比较熟悉，唯有最后的两位可能比较陌生，这里只说说他们。

沙子龙是老舍《断魂枪》里的一位老镖师。庚子战，处在冷兵器时代的中国遇上使用热兵器的西方各国，败得一塌糊涂。沙子龙也收起了他的枪，收起名震西北的“五虎断魂枪”绝技，收起“神枪沙子龙”的名声，躲在闹市里，开起了客栈。沙子龙想安静，但有些人并不想安静，也不想要他安静。昔日跟他学武的少年在街头招来了一位老者，老者也有一身利落的功夫，只三下两下便解除了少年的武装，但少年不是他要找的对手，他要找的是沙子龙。老者找上了沙子龙的门，要求比试。沙子龙只躺在床上看《封神榜》，被逼急了，也只是说自己出钱请老者和徒弟吃饭。老者失望而去。夜深人静，冷月清清的院落里，沙子龙掩了小门，拿起那支凉、滑、硬而发颤的枪，独自舞了一套六十四式“五虎断魂枪”，然后扶着枪杆，对着满天星斗说：“不传！

老舍《断魂枪》书影

不传！”而江湖上只流传着沙子龙放了武功，败给老者的传言。

神鞭是冯骥才的小说《神鞭》的主人公，神鞭并没有名字，在未获得“神鞭”的名号之前，只是一个卖豆腐的傻二。因为偶然的打抱不平，傻二不小心露了自己的功夫，露了功夫后，虽赢得了“神鞭”的名号但仍然只是老实卖豆腐。“神鞭”很老实，但被惹的主儿并不放过他，请来一位弹弓高手和他过招。“神鞭”只解开辫子，三下五去二便把弹弓高手的弹丸打落在地。神鞭的名声响了，日子也不安静了，不断有人上门挑战，不管名声多响的武林人物，都败在了他的手下，甚至一条辫子还打出了个假的天津大侠。听闻了神鞭的名声，东洋人也找上门来，但也是被神鞭打得洋相百出。神鞭振了国威，自己亦飘飘然，但有人开始打他辫子的主意，立意要除去他的辫子，但慑于辫威，终于还是没有算计成。义和团蜂起，有人请神鞭入团，神鞭仗着这条辫子在洋人的枪炮中冲锋，但不小心被子弹打中了肩膀，倒下了。一场大雨浇醒了神鞭，头上的辫子却被洋枪子儿打断了。神鞭回到家里，没了辫子的消息不胫而走，昔日的仇家找上门来，踹开门，神鞭一家已经人去楼空，仇家只好往门上的神鞭匾上打了两枪，悻悻而去。一年过去，仇家在街上晃荡，碰上了失踪已久的神鞭。神鞭的脖子上已经没有了辫子，仇家一看，便挑衅起来。谁知神鞭打开衣襟，在他肚子两侧各插着一把六眼左轮小洋枪。神鞭说了一句：“如今我也玩儿这个了。”便拿起双枪，一手一枪打掉了十丈开外树枝上吊着的小铜钱。仇家傻了眼。最后，神鞭给仇家撂下一句话：“祖宗的东西，再好，该割的时候还得割，所以我把‘辫’剪了，‘神’却留着。不论什么新玩意儿，都难不死我们，都能玩到家，决不尿给别人。”

连环画《神鞭》封面

这三种类型的人物共同构成了中华武林，他们之间也并不是截然分开，有很多时候是交叉的，比如三国中的人物本是历史人物，但又被小说演绎。《水浒传》的很多人物本来也只是在民间流传，诞生了《水浒传》的小说后，他们的形象才交叉、集中。岳飞、呼延赞、杨延昭等人的武林形象也是这样的。这些现实人物形象和艺术形象交叉在一起，有时候人们也不容易分辨，不过，这并不影响华人对这些武林人物的崇拜和喜爱。相反，在文学作品或民间传说的加工下，武林人物的武艺、性情、道义品格有了更丰富生动的展示，对人们更具影响力。生活中的多数人离武林还是比较远的，甚至对武林还有些神秘莫测的猜想，通过这三种方式，中华武林在人们心中留下了全面清晰的轮廓。

武术宗师

"天下第一手"孙禄堂

1. "天下第一手"孙禄堂

孙禄堂（1860—1933），著名的武学大家，名福全，字禄堂，晚号涵斋，绰号"活猴"，河北望都县人。他精通多种武艺，创立孙式太极拳，并著书立说，在近代武林中享有"虎头少保"、"天下第一手"称号，被推为一代宗师。

孙禄堂出生于贫寒家庭，幼年丧父，由母亲抚养成人。但他天资聪慧，从小喜爱武术，拜当地拳师学习拳术。后来为了谋生，十多岁的时候，孙禄堂便到河北保定投奔亲戚，在当地的毛笔厂做事，同时广泛结交武林好友。有一天，保定来了一位名叫李奎元的形意拳高手，是形意拳名家郭云深的弟子。经人介绍，孙禄堂拜李奎元为师，练习形意拳。李奎元又很有才学，在文化方面对孙禄堂多有指点，使孙禄堂文武兼学，相得益彰。后来，孙禄堂继续跟随形意拳大师郭云深深造，相随 8 年，其间还得到白西园、宋世荣等前辈指导，尽得形意拳真义。然而他并不满足，又到北京跟八卦掌名师程廷华学艺。由于孙禄堂本来功底深厚，又得名师指教，苦练年余，已是牢牢掌握八卦掌的精髓。1885 年，孙禄堂开始只身一人

孙禄堂拳照

云游四海，开阔眼界，南北途经十一省，千里徒步，结交天下武林英杰。

1888年秋天，孙禄堂返回保定。因名声越来越大，前来拜师学艺的人日益增多。而当地的一些武师非常嫉恨孙禄堂，他们知道孙禄堂有去茶店喝茶的习惯，就合谋着暗算教训他。一天，他们二十多人暗中埋伏在茶店内外，孙禄堂揭开门帘进店转身的一瞬间，埋伏的武师一拥而上，前后夹击。孙禄堂一察有变，立即施展绝技，快如闪电，一招之内就使前后偷袭的人扑倒在地。其他武师惊恐万分，疑为神人，纷纷跪地告饶。这件事情发生后，前来拜师学艺的人络绎不绝，孙家门庭若市。孙禄堂心想，一旦成天忙于接应，势必影响自己练武习文，于是毅然离开保定返回故乡居住。同年，他在故乡蒲阳河畔创办蒲阳拳社，广收门徒，传播武艺。

当然，孙禄堂在太极拳方面取得的造诣离不开太极拳家郝为真的悉数传授。1914年，经朋友介绍，孙禄堂在北京结识了郝为真，两人很是投缘。后来，郝为真病重，经孙禄堂慷慨救助得以康复。郝为真为了报答孙禄堂搭救之恩，知道其正研究比较各家各派拳术，便主动传授太极拳拳式理法。

经过数十年的研究实践，孙禄堂提出“拳与道合”的武学思想，将形意拳、八卦拳、太极拳三门拳术从理论到内容融合为一，于1918年创立孙式太极拳。难能可贵的是，自1915年起，孙禄堂率先撰写《形意拳学》、《八卦拳学》、《太极拳学》、《拳意述真》、《八卦剑学》以及一系列武学专著，对当时中国武术各流派成果进行归纳总结，极大地丰富了中国传统文化的组成结构。

孙禄堂著作书影

在武林中，孙禄堂自20余岁成名后便游历各地，一生与人切磋武艺，没有遇到可以相匹敌的人，其“虎头少保”、“天下第一手”的美誉早年便已获得。孙禄堂年近半百时，曾击败俄国技击名家彼得罗夫；年过花甲时，曾轻胜日本柔术高手板垣；古稀之年，又一举战胜日本5名格斗高手的联合挑战。国术名家李景林评价孙禄堂时说："从全中国来看，能集拳术之大成而登峰造极的，就孙禄堂一人。"

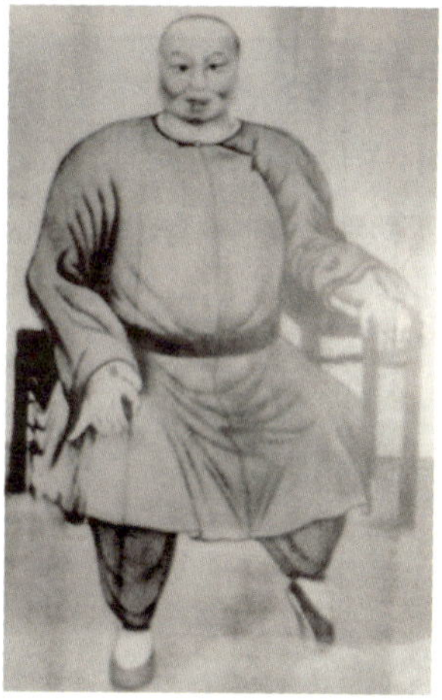
"八卦泰斗"董海川画像

孙禄堂不仅武功高强，武学研究深厚，而且具有极为高尚的个人修养和品行。他一生以教拳为业，淡泊名利，多次赈济乡里，救助同道，对中国文化的继承与发展作出了不可磨灭的历史贡献。

2. "八卦泰斗"董海川

对于"声东击西"、"欲擒故纵"、"调虎离山"、"浑水摸鱼"等拳术，众人都甚为熟悉，它们都是八卦掌中的奇谋方略。而谈起八卦掌，就不得不提起董海川，一般认为他是八卦掌拳术的创始人和主要传播者。

董海川（1797—1882）生于清嘉庆年间，原名董明魁，河北文安县朱家坞村人。据史料记载，董海川身材魁梧，臂长手大，身手敏捷，颇具武学天分，擅长罗汉拳、二郎拳，精通各种兵械，少年时就以勇武闻名乡里。

董海川雕像

我国各地的名山都有很多寺庙和道观，而这些地方往往都有习练武术之人。为了提高武艺，董海川云游四方，足迹至江浙、四川和安徽等地，从雄县翻子门拳到南方道教的转天尊、八易寒暑掌法，他都进行了一定的研究。在四川峨眉山，他跟随山上僧人研习了八盘掌法；在安徽九华山，他受道家修炼术的启示，结合武术攻防招术，创编成转掌——八卦掌的雏形，为后来创编八卦掌打下了坚实的基础。

董海川秉性正直，疾恶如仇，好打抱不平。有一天，董海川来到苏州，恰巧看到苏州知府强抢民女，为了阻止此等暴行，他夜闯府衙并一掌将苏州知府毙命，而自己也在一夜之间成为朝廷追捕的要犯，从此过上四处漂泊的流浪逃亡生活。董海川后来到了京城，因看不惯街头恶霸欺侮一个生意人，他出手相救，却被与恶霸勾结的官府抓捕，关入牢狱。当天晚上，他奋力挣开镣铐越狱潜逃，并逃到塞外张家口董玉家避难。有传董海川隐姓埋名成太监到肃王府当差。有一次，董海川得罪了首领太监，被告到总管内务府主管民政的肃亲王那里。肃亲王见董海川相貌不凡，器宇轩昂，便将他留在自己府中，从此董海川便在肃王府当差。有一天，肃王府大宴宾客，高朋满座，肃亲王心情非常好，叫来护院总管为大家演武助兴。肃亲王命董海川上茶，当时人们都在围观总管表演，茶送不过去，董海川情急之下，手托茶盘，纵身跃上大殿，至殿前宾客桌前飘落，静无声息，茶水竟然一滴未洒。肃亲王及宾客大吃一惊，于是都要求董海川表演。董海川练起了转掌之术，似行云如流水，脚步生风，时而翻身如雄鹰，时而转身如泼猴，时而跃起如小燕，变化万端。在场的所有人都看得目瞪口呆，全场鸦雀无声。此后，董海川的拳技渐为人知，最早是以转掌为名，开始公开收徒传艺，在王府中传授武术给王公贵族，后来逐渐将《易经》道理加入拳术，改称为八卦掌，在武坛独树一帜，成为与太极拳、形意拳相媲美的独具特色的内家拳种。

董海川不仅在八卦掌的创立过程中用尽心思，而且在八卦掌的传承和发扬中也颇费苦心。董海川在传授八卦掌时并不像普通武师一般，他非常注重因材施教和因人而异，根据每个人自身特点细心指导，真正将八卦掌变成每一个人都能练好的技艺。正是由于其独特的传授方法，他的众多弟子练习的八卦掌形形色色，各自不同：有的在学习中比较注重掌，有的则更偏向拳；在掌法力道控制方面，有的偏重于冷弹脆快，有的偏重于粘连柔软，各有千秋。他的弟子们也秉承他的教育方式，一直将八卦掌因材施教的教育方式发扬下去，这使得八卦掌流派纷呈，不拘一格，后来成就了五大流派，分别是尹派、程派、梁派、史派、张派，在武林影响巨大。董海川也成为一代武术宗师。

“太极宗师”杨露禅

3. “太极宗师”杨露禅

杨露禅（1799—1872），名福魁，清代河北永年人，中国武术太极拳成名的关键人物，杨式太极拳的奠基人物。

杨露禅自幼好武，但家境贫寒，为了生计，他就到广平府西关大街中药铺“太和堂”做杂工。有一次，一地痞到药店滋事，要对店铺进行打砸。但掌柜丝毫不慌，只见他随手回掌，举手投足之间就将来犯之人打出门外。杨露禅看见掌柜的拳法动作轻灵玄妙，与平时所见拳术风格大不相同，非常想把它学到手，于是苦苦哀求掌柜教拳。药店老板被他的诚心打动，收下了他这个徒弟。由于勤学苦练，杨露禅的武艺进步很快，药店老板看到他是个难得的练武人才，欣喜之余，便将他推荐到河南温县陈家沟，也就是陈氏太极拳发源地学习深造。

杨露禅第一次到陈家沟去学拳，关于他偷师学艺的故事流传很广。由于当时武术门规严格，各派武功的传承一般遵循传内不传外、传男不传女、非嫡系亲属不传的原则，陈氏太极拳掌门陈长兴对外姓弟子也是防范森严。杨露禅到陈家沟虽有半年多了，但从来不被准许参与陈家人教拳练拳，连看都不能看。

一天夜间，杨露禅偷偷爬到树上，终于看见后院正在进行的陈氏太极拳演练。以后一有机会他就爬树观看他人练习太极拳，然后默默揣摩太极拳招式之间的玄妙，并暗自练习。有一次，杨露禅在与陈家弟子玩耍时一时兴奋，以陈氏太极拳的招数将对方放倒在地，恰巧被陈长兴看到，杨露禅对偷师学拳之事也没有隐瞒，如实相告。陈长兴让他的徒弟轮番与杨露禅比试，结果他的徒弟都败了。陈长兴大为惊讶，他从杨露禅的一招一式中看到了杨露禅对武术的极高悟性，实在是不可多得的武学奇才，不但没有怪罪他，反而大胆摒弃门户之见，打破门规，招收杨露禅为第一个外姓弟子。

杨露禅学拳处

几年过去了，在陈长兴的指导下，杨露禅不分寒暑，刻苦研练。他前后三次到陈家沟学拳，经过十八载，终于学有所成，此时的杨露禅已年近四十。学成之后，杨露禅来到北京，在一张姓大户人家教书。一天晚上，有强盗来袭，护院的武师和家丁都被打倒。杨露禅挺身而出，他指东打西，拳法飘忽不定，强盗都被打翻在地。张家赞赏不已，重金聘请杨露禅教授家丁武艺。随着名声日渐响亮，杨露禅在端王府中担任武术教头，开始在军中教授太极拳。他根据军营中旗人多王公子弟、体质差的特点，对太极拳加以改革，重新改编拳路，去除了一些高难招式，让拳架姿势变得较为简单，动作施展范围缩小，更加柔缓易练，更适合穿长衫、留辫子的八旗军人练习，形成了新的拳式和拳路风格，号称“太极小架子”。

有一次，杨露禅参加京城一张姓富豪的晚宴，座中有不少武林高手。在晚宴过程中，主人提议进行比武。众武师见杨露禅身体单薄，颇有一点瞧不起他。面对众多挑衅的目光，杨露禅答应进行比武，并最终取得了胜利。杨露禅在张家比武一事传开以后，不断有人慕名而来与他比试，但都败在他的手下。于是，在北京城内只要一提起杨露禅，人们都称他为“杨无敌”。后来，跟随杨露禅学太极拳的王孙公子越来越多，太极拳在北京城内流传得也越来越广。清廷还将太极拳奉为国术，在全国推广。杨露禅一直带着两个儿子在端王府中教拳，直到晚年才回到家乡。

杨露禅积极发展陈式太极拳，根据实际需要，重新编排动作，使之大众化。太极拳经过杨露禅的推演改进，形成了拳法舒展大方、结构严谨、动作飘逸的特点，集轻灵沉稳于一体，被称为“杨氏太极拳”。

杨露禅是中国历史上有记载的第一个将太极武术传播并发扬光大的人。在当时门派群雄并立的情况下，他吸收陈氏太极拳的精髓，并根据地域、人文特点进行改良，使之在社会上广为传播，开创了太极门的辉煌格局，使太极拳从民间武术登上了华夏武术的大雅之堂，成为国粹。杨式太极拳也由于易于学习而成为当今世界最为流行、学习人数最多的中国拳法。同时，杨氏太极拳对后世武侠小说及影视作品也产生了很大的影响。例如，民国初年的传奇小说《金蝉盗技》、宫白羽武侠小说《偷拳》以及电影《神丐》、《太极 1：从零开始》等

杨露禅故居

都是根据杨露禅的经历创作的。

4. “南北大侠”杜心武

“南北大侠”杜心武

杜心武（1869—1953），字慎魁，号儒侠，又名杜心五，湖南慈利县人，自然门一代宗师，也是清末革命党员，世称“南北大侠”、“关东大侠”。曾担任宋教仁、孙中山等人的保镖，被誉为“中华第一保镖”。

由于清政府政治腐败，民不聊生，湘西土匪盗贼猖獗，山民大都习武自卫。杜心武就是在这样一个环境中成长为赫赫有名的神腿大师的。他自幼聪明过人，喜读诗书，爱跟随大人练武。7岁时，他向武士石彪请教，学会了“飞蝗石”，投击极准。8岁时，父亲去世，他入私塾读书，同时拜严克为师，学习南派拳术。就这样，他白天读书，晚上练武，历时三年。他的父亲曾在大沽口被洋人击伤大腿，他又目睹传教士残害群众，因此他立志习武，在练功房贴上了“练成武艺，誓杀洋鬼”字幅。

13岁时，杜心武模仿古人做法，四处挂牌求师：“我武艺不高，现真诚寻求名师。只要比武能胜过我，就重金聘请，决不食言。”牌子挂出去后，应聘的人虽然不少，但没有一个能胜过他。一天，别人介绍来一个姓徐的武师。杜心武看这个徐武师身材矮小瘦弱，并不放在心上。但经过比试，他发现徐武师是一个很厉害的人，于是恭恭敬敬地拜徐武师为师。其实徐武师就是自然门的开山鼻祖，他教杜心武练自然门的内圈法，杜心武虚心学习，研习不倦，十五六岁便成为自然门的独传高足。

1887年，杜心武到重庆金龙镖局当镖师，在川、黔、滇、桂一带护镖，保护商旅安全。一次，他将一马帮护送到目的地后，独乘一骑返川。在川黔边界的一片深山老林中，他除掉了一个开黑店的大盗，救出了几个被劫抢来的民女。

1889年，杜心武回到慈利老家，闭门读书。不久，他去北京守卫清宫，边工作边学习，博览群书，广交朋友。杜心武在北京结识了革命党人宋教仁，在宋教仁的影响下坚定了革命和爱国的思想。1904年夏，杜心武东渡日本求学。留日期间，他曾与日本著名相扑师斋藤一郎比武，赢得了柔道比赛的冠军，名噪一时。

1905 年，杜心武经宋教仁介绍，加入了同盟会，投身反清行列，从事革命运动，同时他还担任孙中山的保镖。当时，慈禧太后派宦官前往日本秘密收买日本浪人刺杀孙中山，杜心武发觉后，杀死了宦官。还有一次，孙中山和黄兴、宋教仁、柳亚子等在开会，清朝驻日使馆派刺客刺杀他们。杜心武发觉刺客的诡秘行踪后，果断出击，将他们打倒在地，并搜缴了他们的枪支，保证了会议顺利开完。后来，杜心武还奔走于南洋、北美，宣传革命主张，募集革命资金，联络同志，共图革命。1908 年，他回到中国，继续进行反清革命工作。

1913 年 3 月，袁世凯派人在上海暗杀了宋教仁。杜心武因疾愤军阀的黑暗统治，毅然辞去官职，隐身江湖。此后，他走南闯北，行走江湖，有时闭门谢客，开堂收徒，扩组帮会。

国民党政府迁入重庆后，蒋介石想利用杜心武的声望和帮会势力，派人将他接到重庆，委以全国抗日群众动员委员会主任之职。在重庆一年，杜心武积极从事抗日救国活动，曾以青帮身份帮助中共地下组织派党员和进步人士去外地工作。1942 年，他怕蒋介石当局怀疑，便又辞职回到慈利，隐居不仕。1953 年 7 月 8 日，杜心武病逝于长沙寓所，享年 84 岁。

杜心武除了擅长武术、医药之外，还爱好京剧。早在北京时，杜心武就与京剧艺术表演家梅兰芳、程砚秋、马连良、言菊朋等人有过深厚交谊，程砚秋还曾拜杜心武为师。

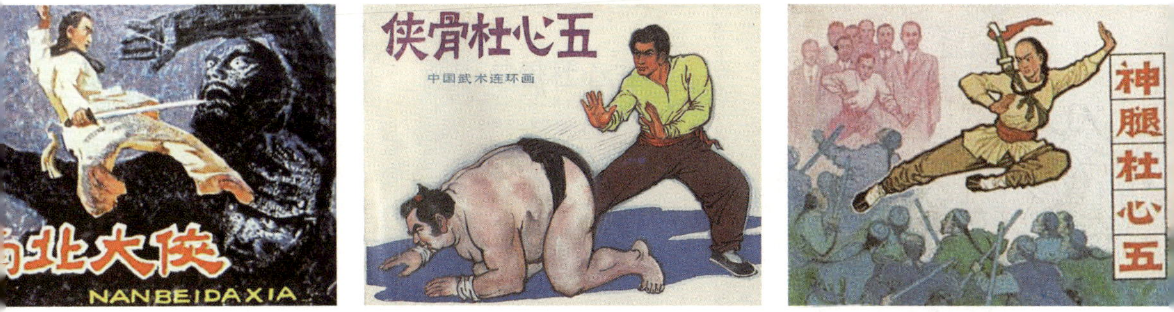

杜心武连环画

杜心武不平凡的经历早已驰名中外，享有盛誉。晚年，他开始研习气功，颇有创见。20 世纪 80 年代的一次全国气功年会上，他被评为我国自赤松子、张良、吕洞宾等人以来继往开来的气功家。

“玉面虎”韩慕侠

5. “玉面虎”韩慕侠

韩慕侠（1877—1969），原名韩金镛，是民国初年和霍元甲同乡并齐名的著名武术家，精通形意拳、八卦掌。身怀绝技的他终生以尚武救国为志，还自办武术专馆，义务授徒，以推广国术。

韩慕侠出生在天津静海县一个贫苦的农民家庭，原非武术世家，其祖辈都是日出而作、日落而息的忠厚农民。但静海县是个武术之乡，男孩子大都喜欢舞拳弄刀。韩慕侠从小长得身高力大，五六岁起便跟随外祖父学习迷踪拳，自幼打下良好的武术功底。韩慕侠13岁时拜镖师周义斌为师，习少林拳。后来周镖师把韩慕侠介绍给他的好友、名震京津的武术名家张占魁先生，张占魁是八卦掌宗师董海川的八大弟子之一。于是韩慕侠又拜张占魁为师，学习八卦掌。张占魁非常赏识他，又将他介绍到李存义门下学习形意拳。

韩慕侠与他的儿子韩琦

韩慕侠身材挺拔，个性争强好胜，与人挑战，少尝败绩，很快就为张占魁门下打出名号，人称“玉面虎”，与师弟姜容樵齐名，为张占魁最器重的弟子之一。

到20多岁时，韩慕侠的功夫日臻成熟，名声渐长。但他一点儿都不满足，决定云游遍访名师高手，立志成为一位武林大侠。其间，韩慕侠拜见了太谷县的李广亭、宋约斋、车毅斋三位形意大师。在三位大师的悉心指导下，加上自己的勤学苦练，韩慕侠的形意功夫大进。他后又到蒲州，拜访了武术名家戴拜陵的后人，受益匪浅。韩慕侠先后拜了9位老师，而其中作为董海川师弟的应文天被尊为九师之首，韩慕侠在九华山得其八卦掌真传。通过名师的悉心传授，韩慕侠尽得武术的真谛，将所学形意拳和八卦掌糅合在一起，又将南北两派八卦融为一体，自成一派。

韩慕侠有一颗强烈的报国雄心，他认为强国必先强兵，而用武术来强兵最为可行，因此他一直想成立一所武备学堂，用形意拳术训练一支具有技击格斗之术的军队。他以在国民和军队中推广形意拳为己任，还对传统的形意拳术进行一些改进，融入擒拿，使之更适合军队冲锋格斗。1919年，韩慕侠向当时的代大总统冯国璋上《万言书》，恳请获得资助，创办武备学校，最终无果。

民国初年，韩慕侠自办武术专馆，免费授徒，也因此与周恩来结下了一段深厚的师徒情谊。1916 年前后，周恩来在天津南开中学读书，为了强身健体，他拜名扬京津的韩慕侠为师。他常穿一件长布大褂，去韩慕侠家里学拳练武。在这个过程里，周恩来与韩慕侠建立起了诚挚的友谊。周恩来曾提笔为韩慕侠的武馆写下“韩九师堂”四字。韩慕侠曾感慨地说：“周恩来年少志高，深谋远虑……我教他怎样强身，他却教我怎样做人。”

武术专馆培养了不少武术精英，但“尚武治国”的抱负直到韩慕侠年近五十时才得以部分施展。韩慕侠与张学良少帅素有交往，当时受张少帅之邀，出任十六军千人“武术团”的教官，武术团也就是俗称的大刀队。在武术团，韩慕侠用改编的八卦刀和连环枪套路来训练军队，简单易学，很有实战价值，后来武术团在抗日战争中显示了特有的威力。

让韩慕侠扬名于世的还有一件大事，就是他在北京击败声震全球的俄国大力士康泰尔。这个大力士个头有两米多高，膀大腰粗，据说能够屈钢轨、断铁链，打遍欧美 46 国无敌手，得了 10 枚金牌，号称“震环球”、“世界第一大力士”。1918 年秋，康泰尔来到北京表演武技，气焰嚣张，宣布凡能打其一拳或踢其一脚者，可得 50 卢布；如能把其打倒在地，可得一面金牌。一连 5 天，没人应战。

韩慕侠及其弟子合影

闻听康泰尔如此嚣张，韩慕侠决定上门挫挫他的锐气。双方立下“生死文书”后，比武开始。康泰尔霍然伸出右手，直奔韩慕侠的咽喉。韩慕侠早就看在眼里，几乎同时，将那八卦掌中的挑掌往上一撩。康泰尔一招未着，翻手又来抓韩慕侠的手腕，把右肋全暴露出来。韩慕侠抓住这一瞬间，以迅雷不及掩耳之势，一个搓步，用形意拳中的虎扑，劲道十足的双掌击中对方胸部，把康泰尔打得连连倒退，最后倒在地上动弹不得。康泰尔就此甘拜下风，韩慕侠也因此在京津名声大振，被誉为“北方大侠”。

韩慕侠为国争光的侠骨丹心和凛然正气，一直广为人们称道。

6. “津门大侠”霍元甲

在20世纪80年代，全中国基本上都沉浸在香港电视连续剧《霍元甲》“昏睡百年，国人渐已醒……”的哼唱狂欢中。在普通人的印象中，北有霍元甲，南有黄飞鸿，南北双侠都是中国武林闻名遐迩的大英雄。霍元甲（1868—1910），字俊卿，清末著名爱国武术家，世居天津静海县小南河村。他武艺出众，又执掌正义，是一位家喻户晓的民族英雄，充满传奇色彩，曾有多部影视作品描述他的事迹。

霍元甲出生于镖师家庭，排行第二。父亲霍恩第以保镖为业，武艺超群，常出入关东，为客商保镖，在武林中颇有名望。霍元甲幼年身体瘦弱，父亲担心他有损尚武家风，便禁止霍元甲练武，而让他去读书。这大大刺伤了霍元甲的自尊心，倔强的他便偷着练武。由于他的刻苦精神和惊人的领悟能力，父亲终于开始允许霍元甲习武。

由于喜欢行侠仗义，霍元甲在天津一带逐渐有了名气。霍元甲在脚行做过管事，后来又到天津城北门外怀庆药店打工，其间结识了药店掌柜农劲荪。农劲荪曾留学日本，知识渊博，他常给霍元甲讲一些中外故事，使之大开眼界，明白了不少道理，也激发了霍元甲爱国报国之心。

“津门大侠”霍元甲

1901年，有个叫斯其凡洛夫的俄国大力士来到天津戏园表演，他声称：“打遍中国无敌手，让东亚病夫们见识见识。”霍元甲决定到戏园找那个大力士比武。当斯其凡洛夫私下了解到霍元甲武功高强时，便匆匆撤场，灰溜溜地离开了天津。“津门大侠”的称号不胫而走。

1909年，一个所谓的英国大力士奥彼

音在上海摆下擂台，大吹大擂，侮辱中国人是“东亚病夫”，上海民众十分不满，但又无人敢应战。农劲荪推荐了霍元甲前去挑战。霍元甲刚到上海，各大报纸都用大号字体刊登了消息。奥彼音虽感事情不妙，但又不得不与胸有成竹的霍元甲签订了赛约。可是，到比赛那天，奥彼音却再也不见踪影，霍元甲不战而胜。

在农劲荪影响下，霍元甲逐渐从讲求传统武德向武术救国转变。1909年，精武学校建立，霍家迷踪拳开始公诸于世，向社会大规模传播。1910年6月，霍元甲在上海创办精武体育会。遗憾的是，不久霍元甲便英年早逝，终年仅42岁。关于霍元甲去世的说法众多，充满了传奇色彩。

孙中山对霍元甲将迷踪拳公诸于世的高风亮节非常赞许，亲笔写下了“尚武精神”四个大字，赠送给精武体育会。精武体育会最终成为世界上最大的跨越国界的华侨华人中华武术组织，通过它，中华武术文化得以传播和弘扬。

7. “咏春大家”叶问

如果不是香港巨星甄子丹主演的电影《叶问》引起巨大的轰动，叶问这个名字，除了粤港澳地区咏春拳的练习者，对于大多数人来说还是比较陌生的。随着电影的热映，加上其大名鼎鼎的徒弟李小龙的声望，叶问作为一代武术宗师才逐渐进入人们的视野。

叶问（1893—1972），原名叶继问，曾经改名叶溢，祖籍广东南海，出生于佛山，为咏春拳发扬人。

“咏春大家”叶问

广东佛山是武术之乡、南派武术的发源地，黄飞鸿、梁赞等著名武师都是佛山人。叶问就出生于佛山的一个名门望族，从小受到良好的家教。读书之余，喜欢上了武术，7岁时拜陈华顺为师学习咏春拳。

陈华顺是“南海拳王”梁赞的高徒，叶问作为他的关门弟子，得到了他的倾心相授。叶问虽然生活优越，对咏春拳却极富热情，潜心钻研，勤奋苦练，武技得以突飞猛进。

18岁时，按照父亲的安排，叶问前往香港读书。在此期间，与梁赞的次子梁壁相识，于是跟随梁壁继续学习咏春拳。叶问心里清楚，习武必须讲求实战性，功夫是打出来的，而不仅是练出来的。于是，叶问天天去找梁壁进行实战对抗，施展出自己从前认为极难被别人破解的“绝招”，但却总是连对方如何出手都没有看清，就莫名其妙地被梁壁摔出老远。鼻青脸肿地回到学校后，叶问就经常一个人模仿比武时的情形练武，直到想通到底是输在哪里。梁壁非常喜欢这个好学聪敏的师侄，于是把自己所学武艺的精妙之处尽数传授给了叶问。

叶问铜像

四年后，叶问回到佛山，之后一直从事为私人和军警教拳的工作，同时，他广泛结识佛山其他的武术行家，交流切磋，又不断得到高人指点，他的咏春拳技日臻化境。

叶问个子很矮小，身高1.63米，身材精瘦。富家子弟出身的他注重仪表，喜穿深色长衫，从不喜欢作武师打扮，走在街上倒更像一名店里的掌柜或私塾的教书先生。叶问性格内向，不喜多言，也不喜欢打打杀杀，是个与世无争、生活比较恬淡闲适的人。

有一次，叶问和他表妹等人一起去秋游，当地军阀的一个排长垂涎他表妹的姿色。当时叶问身穿长衫，脚上一双布鞋，一副公子哥打扮，看上去似可欺负。排长对他的表妹动手动脚，叶问无奈，只好出手用咏春拳教训对方，一招就将这个排长打倒在地。排长哪肯咽下这口气，恼羞成怒，站起身拔出了左轮手枪，叶问见状，以快如闪电的手法握住对方的枪管，并用大拇指力压左轮手枪枪膛，竟然将手枪的枪心压弯，使其无法发射子弹。这手绝技一露，排长大惊，知道遇到了高人，只好灰溜溜地离去。

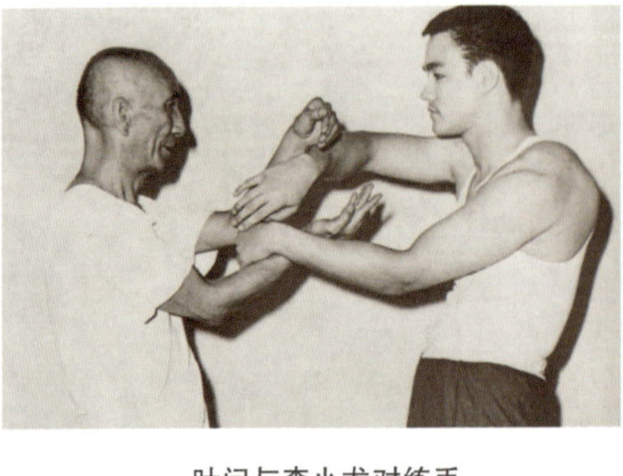
叶问与李小龙对练手

抗日战争时期，日军攻占佛山，日本宪兵队知道了有着

叶问及其弟子合影

过人功夫的叶问，于是想邀请他担任宪兵队的武术教练，一向坚守民族正义的叶问断然拒绝。日本宪兵队队长盛怒之下，指派武术高手与叶问比武，并讲明如果叶问被打败就要听命差使。在无法拒绝的情况下，叶问接受比武。来者是位身材高壮的高手，仅仅数招，对方便败相毕露，叶问及时收招。比武后叶问担心激怒日本人，暂时离开了佛山。

1949 年，56 岁的叶问来到香港，于次年开始在香港传授咏春拳术，以后又多处设馆授徒。在此以前，咏春拳基本上承袭一种家庭式的传授模式，一般只传授给子女或族人，不但传人很少，而且流传范围也比较窄，所以除了在佛山以及广东部分地区外，其他地区并不知道咏春拳。像叶问这样开设拳馆大规模授艺，在咏春拳 200 多年的历史上尚属首次。

在后来的 20 多年里，叶问一直致力于推广咏春拳，使咏春拳得以在中国香港、台湾地区及世界各地发扬光大。20 世纪六七十年代，叶问先后在香港创立了咏春体育会和叶问国术总会，奠定了咏春拳传播、发展的基础。叶问自身散发出来的武学修养和武者风范为咏春拳树立了良好的口碑，同时为其赢得了武林同仁的尊重和敬仰，他的为人体现了一种韬光养晦的智慧。

“虎痴”黄飞鸿

8. “虎痴”黄飞鸿

“黄飞鸿”这一名字在中国内地的岭南、香港地区、东南亚各国以及北美华人社区可谓是家喻户晓，是众多青少年心目中的功夫偶像。黄飞鸿（1847—1924），原名黄锡祥，字达云，是岭南武术界的一位洪拳大师，也是一位济世为怀、救死扶伤的名医。由于他特别精于伏虎拳，故在武林中享有“虎痴”的雅号。

黄飞鸿出生在佛山，父亲黄麒英被称为清末武林“广东十虎”之一。黄麒英虽然武功高强，家道却非常贫寒，因此黄飞鸿不得不从 12 岁起就跟随父亲在佛山、广州和顺德一带四处卖艺。在黄飞鸿习武的过程中，黄麒英很快就发现了他的习武天分。每招每式，只要教一遍，黄飞鸿就会了，而且他还能把各种招式的优点结合起来。

十四五岁的时候，黄飞鸿父子仗义搭救了铁桥三的高徒林福成。为表谢意，在近两年的时间里，林福成向黄飞鸿传授了“铁线拳”、“双飞砣”等绝技。学成后，黄飞鸿的武艺更上一层楼，甚至超过了他的父亲。16 岁那年，黄飞鸿来到广州，在西关开设武馆，向人们传授武艺，漂泊多年的卖武生涯才得以结束，黄飞鸿成为南派武林中最年轻的武术教练。

佛山黄飞鸿狮艺武术馆

黄飞鸿的名气大多是在年轻时积累起来的。19 岁那年，黄飞鸿在西樵山的一家当铺夜宿，遇到了贼人打劫。仅凭单枪匹马，黄飞鸿击退了数十个强盗，在当地一时传为佳话。1876 年，一洋人带着一只凶猛巨大的的狼狗在香港设擂向华人邀斗，20 岁的黄飞鸿不甘华人受辱，赴港以“猴形拐脚”击毙恶犬，并且打败这个洋人，自此扬名香港，被誉为“民族英雄”。

在广州闯荡了 6 年的黄飞鸿，在父亲的一再催促下，回家成亲。1882 年黄飞鸿又来到广州，并走上仕途，被广州水师聘为武术总教练。然而正当事业意气风发之时，父亲黄麒英突然辞世，遭遇丧父之痛的黄飞鸿心生退意，辞了水师教练职务，在广州仁安街开设了一个跌打医馆“宝芝林”，名字取自两句诗：宝剑出鞘，芝草成林。

1888 年，黄飞鸿治愈了黑旗军首领刘永福的脚疾，刘永福向他赠送了一块写有“医艺精通”字样的木匾，并聘请他做黑旗军的军医官，同时担任福字军技击总教练。1894 年，刘永福率领军队赴台湾抗击日本侵略军，黄飞鸿随刘永福率九营福字军抵台，驻守台南。1895 年 6 月，刘永福护台失利，遭受了重大打击的黄飞鸿离台返粤。

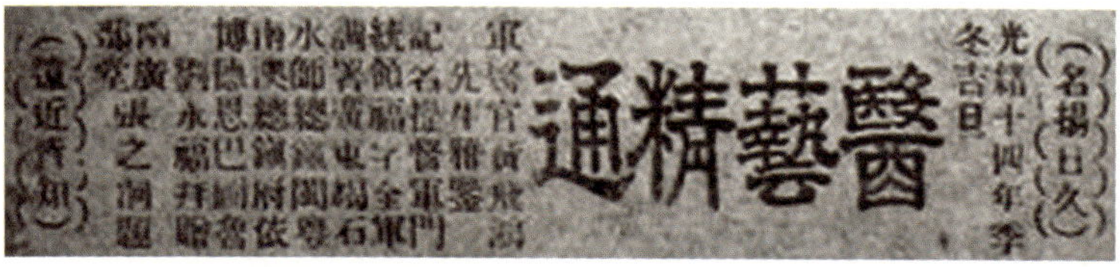

刘永福赠送给黄飞鸿的“医艺精通”牌匾

1924 年 8 月，广州商团总长陈廉伯趁孙中山北伐之际，在广州发动武装暴乱，纵火劫掠。西关一带的房屋大片被毁，黄飞鸿苦心经营数十年的宝芝林连同刘永福赠给他的“医艺精通”牌匾也毁于战火，加上爱子遇害，黄飞鸿经不起沉重打击，积郁成疾，于这年的 12 月不治去世，终年 77 岁。

作为一代宗师的黄飞鸿，他武艺高强且崇尚武德，推行“习武德为先”，从来不恃强凌弱，坚持以德服人。他门下弟子众多，或武功精湛，或文采飞扬，尤以林世荣和莫桂兰对后世的影响最大。此外，黄飞鸿也非常善于舞狮，有“广州狮王”之称，开创了岭南醒狮的“武”与“舞”相结合的先河。同时，他还主张弃除门派之间的隔阂，排除重男轻女的成见，是最早收授女弟子和组织女子狮队的武师之一。近半个世纪以来，黄飞鸿在国际武坛、艺坛的影响越来越大。自 1949 年以来，黄飞鸿电影已超过 100 部，被吉尼斯世界纪录列为世界最长寿电影片集。所谓“有华人的地方就有黄飞鸿”！

三　武术的门类

在几千年的发展历程中，拳术与器械一直是武术的主要内容。风靡世界的太极拳、游龙走凤的八卦掌、形神兼备的形意拳、稳健刚劲的南拳、闻名天下的少林拳、惟妙惟肖的象形拳……丰富多彩的武术拳种让中华武术体系逐渐庞大。异彩纷呈的十八般武艺，也随着历史的发展而不断演化升级。中华武术博大精深，广泛流传于世界各地。

拳术

少林寺壁画中描绘的拳法

拳术是徒手演练的套路运动。中国武术发展至今有一百多种风格迥异的拳种，这些拳种的流传故事成为文学、影视作品的热门题材。香港在 20 世纪七八十年代就出品过很多经典功夫电影，光成龙主演的与拳术有关的电影就有《蛇鹤八步》《蛇形刁手》《醉拳》《形意拳》等。在 2008 年甄子丹主演的电影《叶问》中，叶问以咏春拳力战三蒲空手道，最后打败了三蒲，咏春拳也随着电影的热映而广受追捧。

然而影视作品毕竟是有夸张虚化成分的，这些功夫在历史上是否真的存在，它是怎样产生、发展和演变的，有哪些经典招式，这些问题是武术爱好者们最为关注的，本部分内容将介绍现今最受欢迎、流传最广的太极拳、形意拳、八卦掌、少林拳、南拳、醉拳、蛇拳、螳螂拳等。

1. **太极拳**

太极拳是中国主要拳种之一，因其动作多呈圆形或弧形，极似太极图，又要求动静、阴阳、虚实等相互转化、互相配合成为完整的一体，所以叫太极拳。太极拳发展至今已成为经典的养生运动，具有深厚的文化内涵，体现了古人的人生观和宇宙观。

关于太极拳的起源，传说为张三丰创立，但据史料考证，太极拳起源于 17 世纪中叶河南温县陈家沟。太极拳的拳理是“头顶太极，怀抱八卦，脚踩五行”，其精妙之处在于后发先至，以弱对强，以慢打快，四两拨千斤。太极拳流派繁多，由陈氏太极拳分支，先后繁衍成杨氏、武氏、孙氏、吴氏等不同风格的太极拳。

河南焦作温县陈家沟中国太极拳博物馆内的壁画（太极拳招式图）

陈氏太极拳。陈氏太极拳产生于河南温县陈家沟，是各太极拳中产生最早的一支，明末清初人陈王廷（1600—1680）对陈氏太极拳的创始起到重要作用。陈氏太极拳世代相传，到18世纪末已形成新架与老架两派，被称为陈氏太极拳第一路。新架和老架运动特点基本一致，整套动作在快慢、刚柔、开合、曲直等的相互依存、相互转化中，相连不断，一气呵成。陈氏太极拳以大圈收至小圈、小圈收至无圈为登峰造极之境。陈氏太极拳还有另一个套路，即炮捶。炮捶动作以刚为主，多发劲，动作比较激烈，但仍然有太极拳的特点。

陈氏太极拳之一

陈氏太极拳之二

杨氏太极拳。杨氏太极拳的创建者是杨露禅。杨露禅从陈长兴（1771—1853）处学得陈氏太极拳，深得陈氏太极老架精髓，而且在习练过程中有所创新，去掉了陈氏老架中原有的发劲、纵跳等一些激烈动作，改为速度均匀、架势中正圆满、动作轻柔简洁、不纵不跳的拳式。杨露禅创立的杨氏太极拳较陈氏老架更简易，经他的孙子杨澄甫发展，形成匀缓、柔和、舒缓大方的杨氏大架风格，成为当代最为流行的大架子杨氏太极拳。

杨氏太极拳

杨氏太极拳搬拦捶

武氏太极拳。武氏太极拳的创立者为武禹襄（1812—1880）。武氏太极与杨氏太极很有渊源。杨露禅从陈家沟学成归来，住在武禹襄家的药店里，并在此教拳为业。武禹襄对杨露禅的太极拳极其痴迷，便跟随他学习。后来他又得到机会跟随陈氏太极传人陈青萍学习，他潜心研究，将陈氏太极和杨氏太极熔于一炉，自成一派风格。武禹襄编创的新架，没有将陈氏与杨氏简单叠加，而是将其融会贯通后加以创新。武氏太极行拳时强调开合虚实，以心行气，以气运身，其姿势紧凑、动作小巧、步法虚实分明，胸腹部在进退旋转中始终保持中心位置。但武氏太极在当时未得到广泛传播，得到真传的只有三个人：李亦畬、李启轩、杨班侯。杨班侯是杨露禅次子。杨班侯既得杨露禅嫡传，又得武禹襄太极精髓，曾在武林独步一时。杨班侯将所学太极加以改造，创造了杨氏小架。

武氏太极拳之一

武氏太极拳之二

孙氏太极拳。孙氏太极拳的创办者是孙禄堂。孙禄堂精通形意拳和八卦掌，在当时已经很有名气，后来又结缘于武氏太极传人郝为真（1849—1920），从郝为真那里学到了武氏太极精髓。孙禄堂吸收陈氏、杨氏、武氏三派之长，并将太极拳、形意拳、八卦掌三门绝技融会贯通，创造了架高步活的孙氏太极拳。孙氏太极拳进退相随，舒展圆活，动作灵敏，也被称为开合活步太极拳。

孙氏太极拳之一

孙氏太极拳之二

吴氏太极拳。吴氏太极拳的创建者是满族人吴全佑（1834—1902），他先是跟随杨露禅学习太极拳大架，后来又在杨露禅次子杨班侯门下学习小架，以善柔化著称。他的儿子吴鉴泉（1870—1942）以杨氏小架为基础，结合杨氏大架，使拳术成为一种柔化为主、大小适中、节奏紧凑的太极拳式，这被后人称为太极中架。吴鉴泉改编的太极拳自成一家，式正招圆，不纵不跳，共有 84 式，他先后在北京、上海授拳，形成了吴氏太极拳流派。

吴氏太极拳之一

吴氏太极拳之二

2. **形意拳**

形意拳又称行意拳、心意拳，在中国武林独树一帜，成就斐然。

形意拳的创始人是明末清初山西蒲州人姬际可（1602—1680）。形意拳创立之初叫心意六合拳，即心与意合，意与气合，气与力合，肩与胯合，肘与膝合，手与足合。传承至道光年间李洛能一代时，李洛能将心意拳改名为形意拳，形意拳讲究内意与外形的高度统一。

李洛能所创建的形意拳，基本内容为五行拳和十二形拳。五行拳结合了金、木、水、火、土五行思想，分别为劈拳（金）、钻拳（水）、崩拳（木）、炮拳（火）和横拳（土）；十二形拳是仿效十二种动物的动作特征而创编的技法，分别为龙形拳、虎形拳、熊形拳、蛇形拳、骀（tái）形拳、猴形拳、马形拳、鸡形拳、燕形拳、鼍（tuó）形拳、鹞形拳、鹰形拳。李洛能的弟子车毅斋得其真传，对形意拳进行了全面系统的研究，并大胆创新，形成了完善的形意拳法，至此形意拳也正式成为完整、系统的拳种。

形意拳

在形意拳的传承历程中，因所传弟子主要是山西、河南、河北几个地方的人，于是逐渐形成了山西、河南、河北三大流派。山西流派形意拳拳势紧凑、劲力精巧、轻灵美观；河南的形意拳拳势彪悍、勇猛、雄厚，以十大形为基本拳法；河北形意拳拳势舒展、稳健扎实。形意拳的技击特点是“起如风，落如箭”、“硬打硬进无遮拦，快进直取，寓守于攻”，与太极拳的风格完全不同。在技击原则上，形意拳主张先发制人，主动进攻，动作雄浑质朴、整齐划一，简练实用，讲究短打近用，快攻直取。

3. **八卦掌**

八卦掌又称游身八卦掌、八卦连环掌，由董海川传世，以其鲜明的风格和奇绝掌法享誉武林，独树一帜。八卦掌以掌法变换和行步走换为主，动作轻灵敏捷，脚步起落摆扣。由于运动时纵横交错，分为四正、四隅八个方向，与周易八卦图中卦象相似，所以叫做八卦掌。

董海川的八卦掌以绕圆走圈为基本功，强调百练不如一走，运动特点是身捷步灵，随走随变，不但技法突出，而且宜于健身，在当时广受欢迎，门下弟子有一百多人。他的武功“臻于不见不闻之间，而至可知可觉之境”，这样的武功修为，当时只有董海川、杨露禅、郭云深三人达到。相传杨露禅与董海川比武，两人连斗三天，势均力敌，打成平手，成为武林佳话。

八卦掌

八卦掌以掌当先，每掌都有左右对称的掌法，分为蛇形掌、单换掌、双换掌、顺势掌、扣掌、抱掌、合掌、回身掌，每掌又可化为八掌，共为六十四掌，行步多沿弧形或圆形轨道进行。八卦掌以其高超的技击技术和神奇的魅力，很快传遍全国。在董海川所传的八卦掌流派中，有两个很突出的门派，即尹氏八卦掌和程式八卦掌，分别以董海川弟子尹福和程廷华为代表。尹氏八卦掌以牛舌掌为基本掌法，以鹤形步为基本步法，动作刚猛；程氏八卦掌以龙爪掌为基本掌法，以鸡形步为基本步法，动作圆活。

4. **少林拳**

少林拳得名于少林寺，相传为北魏时僧人达摩在河南嵩山少林寺所创。除了少林拳，少林武术的内容还包括器械和功法，如少林棍、少林枪、少林剑等属于器械，少林易筋经、铁布衫、气功、铁砂掌等属于功法。

少林拳风格独特，拳禅一体、神形一片，在武术界独树一帜。少林拳从地域上可划分为北少林拳和南少林拳两大派，武林中常说“南拳北腿”，南派少林重拳，尚短手；北派少林重腿，尚长手。少林拳发展至今，有很多代表性套路，如罗汉十八手、少林七星拳等。少林拳最初的模型是“达摩十八手”，是达摩祖师为弟子编制的健身套路，根据十八罗汉铜像各选一个动作，共十八个动作，也称罗汉十八手。少林七星拳原是少林七星门的看家

少林拳

拳，是现在少林寺流传最广的套路。七星拳短小精悍，灵活多变，动如猫，行如虎，手法凌厉，腿法多变，身法自然巧妙，功架大开大合，舒展大方，气势逼人。很多影视作品中都有七星拳的踪影，如在2009年重拍的《新少林寺》中，就有刘德华使用七星拳的镜头。

“天下武功出少林”，少林寺是武林圣地，少林武术博采众家之长，是体系完整、大路精湛的武术流派。少林武术绝不仅是自卫强身的小技，它禅武合一，博大精深，以禅入武，习武修禅，被外界视为中国武术的代表和集大成者。

5. 南拳

南拳，是明代以来流传于我国长江流域及南方各地的诸多拳种的总称，是中国武术的主要流派之一。南拳出自少林，脱胎于少林拳，但在演变过程中又有别于少林拳，形成了自身独特的风格。南拳动作朴实无华，刚健有力，气势激昂，步法稳定，少跳跃，重拳法而少腿法。它不像少林拳那样雄浑朴茂、舒展大方，但它的刚烈威猛也别具一格。

南拳门派和拳种繁多，以地域划分，可以分为广东南拳、福建南拳、广西南拳、浙江南拳、湖南南拳、湖北南拳、江西南拳、四川南拳等，其中最具代表性的是广东南拳和福建南拳。

（1）广东南拳。广东南拳是南拳中发展最迅速的一支，最具代表性的有“五大名家”和“十三名拳”。“五大名家”指洪家拳（俗称“洪拳”）、刘家拳、蔡家拳、李家拳、莫家拳；“十三名拳”包括蔡李佛拳、侠拳、白眉拳、咏春拳、南枝拳、儒拳、佛家拳、刁家教、朱家拳、岳家教、昆仑拳以及练步与练手拳。其中很多拳种历史悠久，风靡一时。

例如，洪拳是广东南拳“五大名家”之首，在广东、福建、湖北、湖南、江西、江苏、浙江一带广为流传。洪拳的技击风格是浑厚沉雄，稳健威猛，长短结合，以刚为主，刚柔结合，在广东家喻户晓的黄飞鸿就是洪拳的佼佼者。现在流传在广东一带的洪拳，一般是黄飞鸿一脉的虎鹤洪拳。

蔡李佛拳相传为广东新会京梅乡人陈享所传，吸收了蔡家、李家、佛家三种拳的主要特点，组合成一种拳。蔡李佛拳套路繁多，内容丰富，步法灵活，刚中带柔，以声助威，气势磅礴，是南拳风格的典型代表。蔡李佛拳是一种广受欢迎的拳种，已被拍成同名电影，由洪金宝主演。蔡李佛拳不仅在广东地区流传，而且在中国香港、澳门以及东南亚一带也比较盛行。

咏春拳是南拳中广为流传的一个拳种，传于福建永春县，是永春县严三娘创立的，以地名为拳名，所以叫“咏春拳”。咏春拳动作朴素，招法实用，套路简单，力量运用灵活且有弹力，李小龙早年就曾随叶问学习过咏春拳，近年来叶问系列电影的走红使咏春拳名扬天下。

洪拳

蔡李佛拳

咏春拳

（2）福建南拳。福建是南派武术的发祥地，但由于种种原因，福建南拳变革不多，保留着传统的风貌。福建南拳吸收了少部分外来拳种，主要是在少林拳系的基础上，融合地方拳种加以创新而编成的，总体特征是短小精悍、纯朴实用、技击性强、象形特征浓。福建南拳流传较广，在福建本省、周边省份、中国台湾及东南亚国家都受到欢迎。福建南拳的主要拳种有五祖拳、鹤拳、梅花拳、连城拳、虎形拳、五行拳、南佛拳等，最具代表性的是五祖拳和鹤拳。

鹤拳

五祖拳全称为五祖鹤阳拳，技击性强，没有任何花架子。五祖拳有别于其他拳种的重要动作叫“摇身震胛（jiǎ）”，就是在双手抖动的同时双肩快速抖动，使肩胛部、腰部乃至全身发出一股弹劲，气势很猛，有时还配以提气撼声，运转丹田之气。五祖拳是闽南地区流传最广的一个拳种，并广泛流传于中国香港和东南亚各国。

鹤拳也称白鹤拳，相传由康熙年间福建永春

方氏七娘所创，经过三百多年的传承和演变，形成了纵鹤拳、飞鹤拳、鸣鹤拳、宿鹤拳、食鹤拳五个不同的拳种，多流传于福建永春、福州、福清、长乐、莆田、连江、宁德一带，并通过华侨传到中国香港、澳门和东南亚国家。

6. 醉拳

醉拳是一种风格独特的象形拳，模仿醉酒后跌跌撞撞、摇摇摆摆的样子，以醉形、醉态迷惑对手，寓武术进攻与防守技术为一体。《水浒传》中，不少梁山英雄借醉态施展武艺，如快活林武松醉打蒋门神、鲁智深醉打山门等，都是脍炙人口的故事。

醉拳

醉拳是由严格的武术手法、步法、身法等组成的套路。习练者佯（yáng）作醉态，时而自酌自饮，时而颠扑翻滚，在半倾半斜、似倒非倒中顺势完成各种技击动作。醉拳的拳法讲究形醉意不醉、身醉心不醉，要求“头如波浪，拳如流星，腰似摆柳，脚似醉汉”，在跌冲摇摆的醉态中闪展腾挪、虚守突走、逢击而避、乘隙而入。醉拳的招法包括摔打、推拿、跌扑、翻滚、窜蹦、跳跃等，动作难度很大，只有练到全身上下“无一处惧打，亦无一处不打人”的程度，才能展现醉拳的特色和精髓。

醉拳较有名气的套路是解放前张景福的“醉八仙”。“醉八仙”是模仿民间传说的八仙醉酒形象编制的套路，动作要求忽左忽右，行踪飘忽不定，身形如狂似癫，步法东扯西牵，拳法刚柔相济，快速灵活，以迅雷不及掩耳的速度把对方击败。醉拳无论从表演还是技击方面，都深受普通大众喜爱，成龙主演的电影《醉拳》更是让醉拳家喻户晓、闻名于世。

7. 蛇拳

蛇拳是一种象形拳，模拟蛇的各种动作形象结合技击而形成拳法，在浙江、福建、四川、广东、台湾、香港等地流传较广。蛇拳动作开合得宜，刚柔相济，以柔为主，柔中有刚；手型多以蛇头指、钩、掌为主，上体要求松柔，下肢要求灵活，上肢、躯干松柔如意，腰似蛇形，游动快速，屈伸自如，左顾右盼。蛇拳在实战中要求：身要颤，步要转，双手忽闪神要战；圈绕步，步偕身，用指抢喉快准狠；龙戏珠，掌插肋，勾手啄人勾顶击；脚点步，虎进步，急来缓应巧柔还。蛇拳发劲的同时还发“呵”“哈”“嘶”之类的声音，以声音来助势。蛇拳的主要套路有金蛇陆起、白蛇吐信、风蛇绕树、毒蛇渍沫、角蛇应尾、怪蟒（mǎng）出穴、巨蟒翻身等。

蛇拳

8. **螳螂拳**

螳螂拳是模仿螳螂形象和其角逐技能而创编的象形拳，相传是由明末清初山东即墨反清复明义士王朗创立的。

螳螂拳取螳螂的特长，在手法上吸收螳螂巧妙快速运用两个前臂当“刀斧”进行突袭的动作，身法上取其踏实稳固、前后左右闪展腾挪的突跃动作，并吸收十八种拳术综合而成。螳螂拳的手型是螳螂爪，步型为玉环步，风格是姿势低、手法密，方法清晰、招招连使，手、足、身并用，主要运动特点是动作严谨、敏捷有力、长短并用，有很强的攻击性，动作套路既有螳螂摆腰、梨花摆头、织女穿针等柔手，也有螳螂捕蝉、螳螂上树等猛攻硬击法。

螳螂拳在代代相传的发展演变中，形成了三个主要流派：七星螳螂拳、梅花螳螂拳、六合螳螂拳，其中七星螳螂拳和梅花螳螂拳属于硬螳螂，动作激烈，迅猛劲强；六合螳螂拳属于软螳螂，动作柔和缓慢。三个流派的共通之处是善于运用手脚，上下配合紧密，招法巧妙有效。这三个流派是传统螳螂拳。后来从七星螳螂拳中又衍生出秘门螳螂拳、八步螳螂拳等流派。此外，螳螂拳与其他拳术融合，又生出摔手螳螂拳、光盘螳螂拳等分支。螳螂拳内容丰富多彩，是中国传统武术中的一枝奇葩。早期的螳螂拳一直在山东流传，民国以后传到广东、香港、台湾等南方各地，在新加坡和马来西亚等东南亚国家也有流传。

螳螂拳

十八般武艺

中国古代的兵器门类齐全，种类繁多，统称为十八般武艺。十八般武艺中每种武器都有它的特色，文学作品中也作过生动描述。如《水浒传》中黑旋风李逵力大无穷，两把板斧直杀得敌人鬼哭狼嚎；《三国演义》中关云长手执青龙偃月刀，过五关斩六将，威风八面。

十八般武艺可以分为长兵器、短兵器、软兵器、双兵器四大类。长兵器包括枪、棍、大刀、镗（tánɡ）、铲等，短兵器包括刀、剑、斧、锤等，软兵器包括流星锤、飞镖、三节棍等，双兵器包括双刀、双剑、双钩等。此外，兵器中还有一些独具特色的暗器，如铁鸳鸯、如意珠、袖箭、飞刀等，这些暗器有的属于软兵器，有的属于长兵器、短器和双兵器。无论是否可把它们归为十八般武艺，这些暗器都非常有特色，也是值得一提的。

戟

方便铲

朴刀

枪

长兵器

狼牙棒

斧

剑

短兵器

流星锤

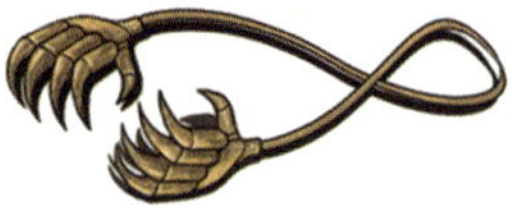
飞爪

绳枪

长梢子

软兵器

双刀

双剑

双兵器

镖

飞刀

练子枪

暗器

武术中最常用到的兵器是刀、剑、枪、棍。刀可劈、可砍、可刺，势如猛虎，被称为“百兵之胆”；剑轻灵薄细、飘逸潇洒，被称为“百兵之君”；枪出时如潜龙出水，入时如猛虎入洞，被称为“百兵之王”；棍融合各种长兵器基本技法于一身，适用性最广，被称为“百兵之首”。在中国传统武术中，刀术、剑术、枪术、棍术是基本的武艺。

1. **刀术**

刀是武术中最常用的器械，其基本构造包括刀刃、刀背、刀尖、刀盘（护手盘）、刀柄五个部分。刀术是以刀为器械的武术练法，刀术的特点是勇猛快速、刚劲有力、气势逼人。单刀术主要使用方法有劈、砍、撩、挂、缠头等，使用时须注意不握刀的手与握刀的手协调配合，整个身体带动器械活动。

大刀

近现代国内流行的武术用刀中，常用的有单刀、双刀、柳叶刀、砍刀、苗刀、雁翅刀等，其中苗刀的技法是比较特殊的一种刀术。苗刀并不是我国苗族使用的刀，相传是日本所制的佩刀，在日本叫倭刀。苗刀刀身窄长，制作精良，远比中国刀锋利。明朝时期，在与倭寇的多次交战中，抗倭名将戚继光发现倭寇使用倭刀身法轻盈敏捷，刀身锋利无比，在战争中无往不利。戚继光于嘉靖四十年在战场上缴获倭寇《隐流刀法》目录，在这个基础上加以改良，编制了“辛酉刀法十五式”，正式将倭刀术传入明朝。可以说，戚继光能平息倭患，倭刀术的传入也功不可没。

苗刀

除了倭刀术，太极刀、八卦刀等也自成体系。我国明清时期的武林门派以拳法立户，器械从属于拳法门户之中，所以各种刀术的风格、特点随拳种、流派不同而不同。如太极门有太极刀、八卦门有八卦刀等。太极刀要求柔和平稳、刚柔相济、连绵不断；八卦刀以摆扣步走转为主，要求人随刀走，势势贯串。

2. **剑术**

剑是武术短器械之一，被称为“百兵之君”。剑双面开刃，顶端尖锐，能劈、刺、斩、截，剑体轻便，可随身佩戴，以防身自卫。

剑

剑虽然不像刀那样有“力劈华山”之势，但其“逢坚避刃、迁隙削钢”，以机智巧取方法来施展，剑势变化吞吐自如，千姿百态，优美潇洒。剑术中的主要技术有刺、点、劈、崩、撩、挂、穿等，运动特点是轻快洒脱、身法矫捷、刚柔相兼、富有韵律；在运动形式上有站剑、行剑、长穗剑、短穗剑、单剑、双剑等，战国晚期“荆轲刺秦王”就是典型的长短剑相搏事例。

历代剑术套路层出不穷，各个武术流派创作了不同风格特点的剑术，如太极剑、青萍剑、八卦剑、武当剑、七星剑、青龙剑、八仙剑、螳螂剑等。武当剑号称“天下第一剑”，它刚柔相济、快慢有秩、富于节奏变化，慢的时候像闲庭踱步，快的时候像劲舞狂沙，转换的时候像风摆荷叶，潇洒飘逸。武当剑要求做到“身与剑合，剑与神合”，在剑法运用上要体现“太极腰、八卦步、形意劲、武当神”的要领。

历史上，剑术除作战、防身之外，还常作为供人欣赏的技击舞蹈。我国唐代著名诗人李白在青年时代学过剑术，李白的好友崔宗之说他“起舞拂长剑，四座皆扬眉”，可见李白剑术非常精湛。杜甫《观公孙大娘弟子舞剑器行》称赞公孙大娘舞剑流畅飘逸、节奏明朗，超群出众，当代第一。

3. 枪术

枪

枪是一种武术长器械，长柄上装有锐利尖头，由棍与矛演化而来。枪由枪尖、枪缨（yīng）、枪杆组成，枪尖有锐利和小巧两种，前者宜于破坚，后者使用灵活轻便；枪缨的作用是迷乱对方，并可以用它来挡血；枪杆一般用白蜡杆或铁质制作，杆长则尖轻，杆短则尖重。

俗话说，“年拳，月棒，久练枪”，

枪术

说明枪在十八般武艺中比较难学。枪法以拦、拿、扎为主，同时还有点枪、崩枪、劈枪、穿枪、挑枪、拨枪、圈枪等；其运动特点是力注枪尖、走势开展、上下翻飞、变幻莫测。历代流传下来的高深枪术很多，如梨花枪、六合枪、梅花枪、峨眉枪、岳家枪等，在技术内容上它们各有所长，但主要方法都没有离开“圈、扎”的技术范围。

历史上有很多战争英雄以枪为兵器，留下了许多脍炙人口的故事。如家喻户晓的蜀国名将赵云的兵器是龙胆亮银枪；五代后梁的王彦章以枪闻名于世，持铁枪驰骋，无人能敌，人称“王铁枪”；宋代抗金英雄岳飞，手持丈八铁枪，横冲战场，有岳家枪法传世；南宋农民领袖李全人称“李铁枪”，他用的铁枪，杆长七八尺，重二十多公斤，他的妻子杨妙真所创立的梨花枪，打遍二十年无敌手。杨家梨花枪被武林界公认为第一名枪，在明代被视为最上乘的枪法，抗倭名将戚继光对梨花枪推崇有加，将其改编后传授给士卒，其精妙可见一斑。

4. **棍术**

棍是武术长器械的一种，在古代常与枪混用，因为棍和枪都是木杆。但棍没有枪头，扎刺功能就远不如枪了，棍在车战中杀伤力比枪稍逊一筹，不是战场的主要武器。

棍

棍在不同地区有不同叫法，如棒、杆、条子等。棍种类繁多，有大棍、齐眉棍、三节棍等，棍法有劈、崩、缠、绕、点、拨、拦、封、撩、扫等，各种棍法组成的套路繁多，最具代表性的套路有五虎群羊棍和少林棍，不同的套路都要求表现出“棍打一大片”的特点，做到“手臂圆熟，身棍合一，力透棍尖，风声呼呼”。

棍术

棍是少林僧兵使用最多、最常规的武器之一。少林棍法闻名天下，世人皆知，被称为“诸艺之宗”。历史上流传着十三棍僧救唐王的故事：隋朝末年，原隋朝大将王世充拥兵洛阳称帝，与李渊父子争夺天下。李渊命其子李世民平定王世充。某日，李世民率兵侦察时被王世充捉拿，囚禁于监狱之中，少林寺派出十三位棍法高超的武僧前去营救。十三棍僧以高超武艺从狱中救出李世民，并生擒身为大将军的王世充之侄王仁则。后来十三棍僧还会同唐军一举击败王世充。这个故事在民间广泛流传，后来被拍成了电视剧《少林寺传奇Ⅱ》，由元彪、林志颖主演，电视剧围绕十三棍僧救唐王的故事展开，少林棍法也随着电视剧热播而家喻户晓，人人皆知。

5. 暗器

俗话说：“明枪易躲，暗箭难防。”暗器是在出其不意时投掷或弹出击人的武器。暗器体积小，重量轻，可以藏匿得很隐蔽，在近距离内，趁人不备时突然发射，命中率较高。有些暗器甚至涂有毒药，杀伤力很强。

暗器种类繁多，形状各异，它在军事战争中的应用主要是在宋元以后。金、辽在与宋的战争中发明了一些在马上使用的暗器，如飞爪、背弩等，后来蒙古人又创造了短标枪、套索、飞刀及乾坤圈等暗器。明清时期，暗器由军队作战进入民间，在武林中使用较为广泛，但大凡武林豪杰都很少用暗器，即使用于防身，也不喂毒。传统武术中有三十六种暗器，如绳镖、梅花针、飞刀、脱手镖、飞蝗石、铁莲花、袖锤、血滴子、单筒袖箭、铁蟾蜍、如意珠等。本书主要介绍袖箭和飞刀。

袖箭是藏于袖中的一种暗器，刘仙洲在《中国机械工程发明史》中详细说明了袖箭的构造：用一个短箭的下端向下压紧一个筒内的弹簧，再由一个扳机把它管住。用手握在袖口内，当遇到敌人时，伸出手来，对准目标，掰动扳机，箭就借助弹簧的弹力发射出去。

袖箭

袖箭力道猛，极难防范，备受武林中人欢迎。除了在两军交战白刃格斗时使用外，还可作为镖客、拳师、技击家的防身武器。在古龙武侠小说《天涯·明月·刀》中，名震天下的顶级暗器孔雀翎（líng），其原型就是黄铜袖箭，只是在小说中被夸张神化而已。

飞刀是一种特殊的刀，刀身尖锐，刃薄如纸，刀柄末端系红、绿绸。分为直飞和旋飞两种，无论直飞还是旋飞，都不是一朝一夕之功，需要大量的训练才能得心应手。使用飞刀需要高度的技巧，《小李飞刀》中李寻欢的飞刀例无虚发，刀光一闪，飞刀已插入敌人咽喉。袁世凯曾派出刺客李斑，刺杀云南地方军阀（fá）唐继尧，李斑使用的暗器就是飞刀。

飞刀

四　武术与生活

武术是中国的一张响亮名片

武术与跆拳道（2002 年中韩联合发行的邮票）

中华武术被中国人自豪地称为“国术”，似乎是中国独有的绝技。其实，放眼世界，类似中华武术这种利用肢体或器械进行攻防和健身的技能，世界上许多民族和国家也都有，并不仅仅是中国所独有。比如不用器械的徒手或赤手攻防技能，日本有柔道，韩国有跆拳道，泰国有泰拳，蒙古有摔跤；使用器械的攻防技能，日本有剑道、弓道等。西方也有拳击及表演性的搏击摔打等格斗技能。

既然如此，为什么中国人要把武术称为“国术”呢？其中一定有某种道理。

1. 为什么把中华武术叫国术

事实上中华武术的发端或早期与世界其他民族的早期搏击技艺不会有多大

区别，中华武术与世界其他民族的攻防格斗本质上都一样，都是为了击败对手保护自己。但是伴随着中华民族历史文化的不断演进，中华武术必然受到中华民族的价值伦理观、哲学思想、文化心理、宗教信仰、民风民俗等众多因素的影响，最后形成独树一帜的攻防击技，如同中医叫“国医”、京剧叫“国剧”、中国传统学问叫“国学”等称谓，中华武术也被冠上“国”字，被称为“国术”。

比如说形成于两千多年前的中国儒家思想，还有本土宗教道教以及由印度传入的佛教，这些思想文化资源深刻地影响着中华武术的发展与走向。在历史的长河中，中华武术浸润了儒家的天人观与社会伦理思想，形成了一整套约定俗成的武德操守，规范和约束着武术道德的基本伦理。中华武术吸收了道教阴阳互补、太极辩证、虚静无为、形意合一的哲学观与美学思想，并转化为虚实相依、以静制动、刚柔相济的武术理念，形成了以太极拳、武当剑、形意拳、大成拳等为代表的武术名派。中华武术通过禅宗接受了佛教禅修的理念，并将这一理念推广到练功习武的方方面面，进而促进了从拳、掌、指、腿、身到多种冷兵器等武术门类的提高与升华，极大地丰富了中华武术的内容与形式，最终使武术成为中华文化的一个有机组成部分。就像当今海外的许多年轻人一说到中国，多少都会联想到中国功夫，如同中国烹调技术、建筑中的木构飞檐屋顶、京剧表演艺术一样，在一些海外人士的心目中，武术其实已经成了中国的一个典型象征或一种文化符号，或者成了一张代表中国的响亮名片。

明末官兵热兵器不敌满族骑射冷兵器（清代版画）

太极拳与八卦拳

2. **中华武术是一种艺术**

我们在欣赏中华武术的表演时，常常会看得眼花缭乱，不由自主地发出赞叹，自然而然把武术当作一种艺术来看待。因为除了攻防技能以及体能、力量、速度、协调性等基本要素以外，中华武术十分强调武术击技的套路，对套路的完整性与连续性高度重视，并对套路里的一些肢体与动作加以总结与提升，赋予它们若干极具艺术感的名称。如经典太极拳的动作套路，第一式叫“白鹤亮翅”，第十四式叫“白蛇吐信”，第十五式叫“拍脚伏虎”等。这些都是极具审美化或艺术化的表现。

我们说的套路就是一整套武术动作系统。这套系统通常由状态进入的准备阶段、攻防交替的主体阶段、收官终止的结束阶段等三个阶段所构成，而在攻防主体阶段中，常常包含着一些技术系数高、打击效果明显的高难度动作，或者可以叫做具有高光点的漂亮动作，武术界把这类动作叫做招式。我们知道在实际对抗性的格斗中——而不是在表演与影视作品中，是不存在套路的，因为在最短的时间内能克敌制胜才是硬道理。我们把格斗速胜叫秒杀，秒的读数越少越好。但在非对抗的训练中，除了基本功和基本动作，套路则必不可少。套路的形成与完善正是中华武术的经典特色。套路与招式使武术具有了可观赏的艺术价值，同时，武术套路与招式也提供了充分展现中华文化的时间与空间。

导引图帛画（长沙马王堆汉墓出土残片）

可以肯定，大约一千两百年前，某些武术套路显然已经趋于成熟。我们可以从诗人杜甫的长诗《观公孙大娘弟子舞剑器行》中了解到武术套路所蕴含的艺术魅力：

剑术（1975 年发行的中国邮票）

昔有佳人公孙氏，一舞剑器动四方。

观者如山色沮丧，天地为之久低昂。

……

我们仅从长诗中挑出前四句，并翻译成白话文，让读者也感受一下唐时人舞剑艺术的感染力：

从前有个美女郎，复姓公孙名大娘，
每当跳起剑舞来，轰动四面与八方。
观看人群多如山，心惊魄动变脸庞，
天地也被她感染，起伏不定久震荡。
……

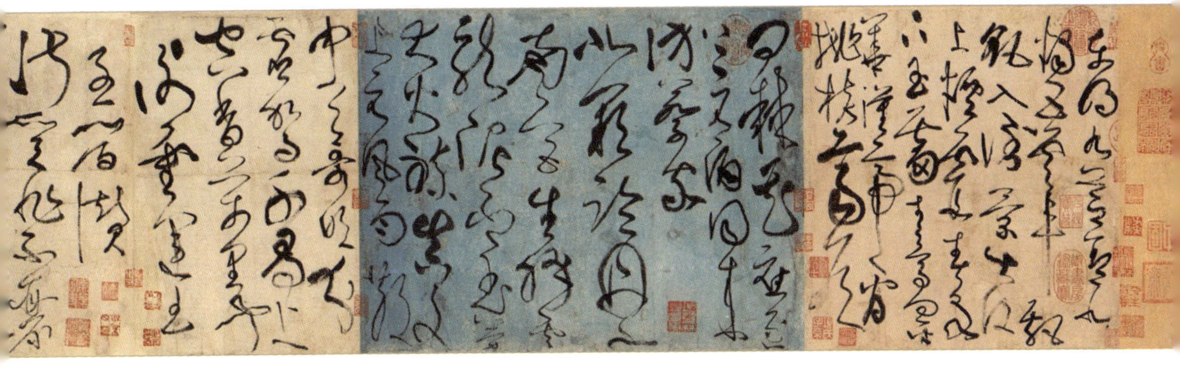
唐代书法家张旭《古诗四帖》

看来公孙大娘舞剑在当时算得上是奇观，但更奇妙的是与杜甫同时代的书法家张旭，在观赏了公孙大娘的舞剑表演后大受启发，书法写得更好了。张旭喜爱写非常潦草的书法，中国书法将这种书法艺术称为草书，并把张旭那种写得特别潦草而又富有动感的草书形象地叫做“狂草”，因为那一个个字行云流水，活蹦乱跳，有股狂劲。张旭正是从公孙大娘的舞剑动作中获得灵感，找到了书写狂草的感觉。这些例子告诉我们，中华武术在发展过程中不断融入了中国古代的民族文化观念，选择性地吸收了儒、道、释的思想与伦理，并与其他艺术形式相互影响，通过长期的演化，形成了中华武术特有的艺术特征，使中华武术成为了世界武林中的一枝奇葩。中华武术毫无疑问是一种艺术。

花和尚鲁智深（日本画家歌川国芳描绘的《水浒》人物浮世绘）

武术与中国人的修身养性

武术本来是用于攻防格斗的，克敌制胜才是第一位目的。这给武术预设了一个比较高的门槛，习武不像学习广播操，武艺并不是短期就可以轻易掌握的，而是需要长期不懈地苦练。练习者至少需要在三个方面持续不断地修炼才能有所成就，首先是动作套路与基本技能的训练，其次是体能与意志的训练，再次是心智与精神品格的训练。正是这样的训练过程陶冶、催生了中华武术强身健体、健脑益智的修身养性功能。

《水浒》人物“小李广”花荣射箭（现代工笔）

1. 武术与健身

在中国古代，武术可能更多的是一种谋生的手段与技能。这种情况在明代小说《水

导引图（据长沙马王堆帛画复原图）

浒全传》中有比较多的反映，小说里的一百零八位英雄好汉，大多数都身怀绝技，武艺高强。其中大名鼎鼎的豹子头林冲就是凭高超的武技，当上了八十万禁军的教头——高级教练。在古代，能拥有武术技能，就可以在江湖上混一碗饭吃。中国历史上的许多朝代以科举方式选拔录用人才，除了主要的文举——通过写文章选拔外，还有武举，即通过一些基本的武术门类考试，如骑术、射箭术、刀术、枪（长矛）术等，选拔军事人才。习武虽然比不上读书参加科举考试那么可靠，有那么多的机会被录用和获得晋升，但也是一种可供选择的个人发展方式。古人说：“文武之道，一张一弛。”武与文虽不能等量齐观，但武是文的一个很好的补充与辅助。

秦汉时期流行一种黄老术，这是一种追求延年益寿甚至长生不老的学说。这种学说被后来形成的道教继承下来。在黄老术思想的影响下，一些信徒创制并完善了一种类似于健身操和武术基本功的导引术，不久之后又在模仿动物的仪态和动作的基础上创制了另一种介于武术与健身操之间的身体训练方法——五禽戏。导引术与五禽戏将健身与武术结合起来，丰富了习武的意义。后来的武术在演进过程中继续吸收了道家的阴阳太极理念，陆续创制了太极拳、太极剑等比较舒缓的武术套路，适合于不同年龄层次的人们练习。太极拳、太极剑等武术不注重外在的力量与速度，而注重内在的意念与气息，因而被认为是武术健身最普及的方式。至于那些比较专业的武术套路，多半仅局限于专门

华佗像（据说五禽戏是华佗创制的）

人士练习，但武术强健体魄的功能是显而易见的。

在过去，中国有一种历史悠久的职业——街头卖艺，也叫耍把戏。它主要是武艺与气功表演，有的也秀一点魔术，但主要都是卖狗皮膏药和其他的一些疗伤药，特别是治疗骨折、肌肉劳损、肌腱韧带拉伤等所谓“跌打劳伤”和风湿等疾病的中草药。这种职业体现出武术、健身、治病之间的特殊关联。

青花五禽戏人物纹莲子罐（明）

而且，从现代意义上说，武术就是一种体育运动方式，如每四年举办一次的中华人民共和国全国运动会早已把一些武术项目列为比赛项目。这说明在科学昌明的今天，武术的健身意义已经被人们普遍接受，谁也不会怀疑武术的健身作用。

正是由于武术与一些体育运动相类似，需要长期不懈地练习与训练，需要一定的基础或基本功，因此学习武术一般应该从少年儿童时期就开始。武术界把这种基本功称为“童子功”，意思是从少年儿童时期就开始训练打下了过硬基础。如果我们也想学习一点武术的话，当然应该及早开始。

五禽戏

2. 武术与修身养性

修身养性，这是中国人特有的一种生活态度。本来在古代的经典著作中，修身指的是个人的道德品质修养，是涉足社会、开创人生的起点。整个过程被概括为“修身、齐家、治国、平天下”，而修身被放在了第一位。由此可见，修身的地位十分重要。在古代修身不是一句口号，而是有具体的内容和要求的。古人要学习掌握“六艺”，即六种技艺：礼、乐、射、御（yù）、书、数。礼，大致相当于礼节、礼仪，但内容要宽泛得多；乐，指学习辨音与乐器演奏等音乐知识与

拳术（1975 年发行的中国邮票）

技能；射，指射箭，属于武术范围；御，也写作驭（yù），指驾驭马的本领，包括骑马术与驾车术；书，指识字断文，记录与写作；数，指对数字的演算。掌握六艺是成就修身的基本要求，六艺中的射属于武艺，御则与武艺直接关联，在秦朝以前，修身的路径已经包括了武术的内容。

但是在秦汉以后的历史发展长河中，主流社会对修身的内容更偏向于读经，即阅读儒家认为的经典著作，尤其到了宋代，社会形成了重文轻武的风气，并用制度的方式确定了这种倾向。

养性，指的是培养品行，使人具有端正高尚的心性和品质。与修身相比，如果说修身是手段，那么养性更像目标。汉语里有个成语——闻鸡起舞，说的是在东晋时期有一个名叫祖逖（tì）的军人，青年时期即立下志向，将来要收复被北方游牧民族侵占的中原大地，为了实现这一志向，他半夜一听到鸡叫就起床练习舞剑，以此磨砺自己的意志。千百年来，闻鸡起舞的祖逖成了励志向上与修身养性的典范。

广东拳师明信片（摄于晚清）

现在我们也会继续使用“修身养性”这个词，内容与古代有一定的联系，同时也赋予了新的含义。现代的学校教育十分重视体育，青少年也非常热衷于体育运动，每个人都会有自己钟爱的几项体育运动。有的还会把掌握一两种武术技能作为自己的业余爱好，就像会打篮球、会游泳一样。当然我们是觉得好玩才会去训练的，但也正是通过身体的运动，我们的心灵才能感觉到一种特别的快乐。因此，在体育活动或武术训练中我们能达到身体健康、心情愉快的目的，这就是修身养性最直接的意思。再说，无论是某项体育活动还是某种武术技能，我们要真正掌握它，拥有很好的技艺，达到一定的级别，并能在对抗或竞赛中胜出，通常要付出很多，会遇到许多预想不到的困难，如果没有顽强的意志和吃苦耐劳的决心，是不可能脱颖而出的。

射雁图（汉画像砖）

简单地说，自古至今通过武术训练，磨炼意志，提高技能，超越机体和心理的局限，在练习中获得身心的愉悦是习武的另一目的——修身养性。

宗教文化与武术

说到宗教与武术的关系，我们不能不提名声显赫的少林寺。少林寺具有双重性质和意义，它既是佛教禅宗祖庭，又是佛家习武的重镇。我们只要看看少林寺那些武僧和少林寺的习武传统就可以了解禅宗和少林寺对中华武术的影响有多么大、多么深远。

而道教对武术的影响也是极其深远的。道教继承吸收了秦汉时期的神仙方术及黄老摄护养生的传统，除了讲求常规的炼丹服食之外，也形成了一整套基于阴阳五行学说的养生理论，并催生了以修身养性为目的的健身术实践，从而衍生出以太极和气功为特色的武术技艺。

持械武僧青瓷盘（宋）

1. 禅宗与少林寺

佛教从西域传入中国以后，大约又经过了四百年，有一位印度南部的高僧大德

达摩一苇渡江（石刻）

取道海路，向东漂过安达曼海，穿行马六甲海峡后，再向北航行驶入了南中国海域。又经过了若干时日的漂流，这位高僧也许搭乘的是熟知海上丝绸之路的阿拉伯商船，所以他顺利地来到了珠江口，然后沿着珠江水道溯江而上，在广州踏上了中国的大地。说他旅途顺利是相对于那个遥远的时代而言的，因为整个行程据说也用了 3 年的时光。这位印度高僧就是后来名满天下的菩提达摩，人们习惯称他为达摩或达摩祖师，因为他首创了佛教的主要流派——禅宗。

达摩到达中国时正值中国历史上的南北朝时期，那时北方游牧民族大举南侵，战乱频仍，天下很不太平。中原汉族豪强被迫向南方迁移，在江南一带建立政权。但也正是这一时期佛教在中国得到了广泛的传播，迎来了前所未有的弘教繁荣期。中国最著名的四大佛教工程——敦煌的莫高窟、麦积山石窟、云冈石窟和龙门石窟，都是在这一时期陆续开工的。达摩此时来到中国，其受欢迎的程度可想而知。他先被南朝的皇帝迎请到南京弘法，之后达摩渡过长江进入中原，到达了洛阳。据杨炫之的《洛阳伽蓝记》记载，在鼎盛时期，洛阳的佛寺建筑竟有 1 300 多座。也许像洛阳这样的繁华都会不适合达摩这样的传道者，也许不断的宫廷斗争或社会动乱迫使他离开，总之，达摩没有在洛阳停留太久，他选择了距离洛阳不远的僻静处作为自己的驻锡地，这就是位于少室山怀抱中的少林寺。正是在这里，达摩酝酿了中国佛教的一大衍变，开创了禅宗一派。

简单地说，禅宗的核心思想认为人的心性本净，佛性本有，觉悟无须外求。相信人人都有佛缘，只要通过内心的参悟，就能有所觉悟，达到佛性，获得佛心。那么，禅的精神又是怎么与少林武术相契合的呢？

这里有两个机缘：一个是传说达摩到少林寺后为了参悟佛性，面壁十年。天长日久，石壁上竟然镌刻下了他的身形，若有神功。由此启示了少林武术，使少林武术得以发端。另一机缘是，禅宗的基本精神与少林武术的核心思想是一致的，无论是参禅还是习武都得从身边的小事起步，如洒扫庭除、担水劈柴、烧火做饭都是参悟与习武的必修课，都可以在这类烦琐的事务中领悟佛理和习得基本的武术功夫。就像电影《少林寺》里的一个桥段，一群和尚到少室山的溪谷里取水，他们没有使用扁担挑水，而是左右手各提一个木桶，在溪流的石头上跳跃，仿佛训练少林功夫中特有的桩功。僧人们既参悟佛理又劳动作业，同时还锻炼功夫，修行如生活，生活如习武，习武如修行。这种修行习禅与习武完美结合的方式被誉为“禅武合一”，可以说这就是少林派武术的精神特质。

少林武僧

2. **少林派武术**

正是“禅武合一”的精神特质给少林寺带来了机运，使禅宗祖庭少林寺同时也成了少林武术的摇篮，并形成了声震中华武坛的少林派武术。

武僧青瓷瓶（宋）

一般认为少林武术得以发扬光大还得益于皇家的扶持，显然这样的观点比较符合实际。隋朝末年，社会动荡，握有兵权的军事强人们蠢蠢欲动，都想夺取天下。其中一个名叫王世充的强人利用隋炀帝死后出现的权力真空，占据洛阳，僭（jiàn）称皇帝，并打出了“郑”的国号。驻节山西太原的李渊不承认王世充称帝的行为，因此发生了冲突。王世充乘机抓捕了李渊的一个儿子，准备杀掉以除后患。不巧这事被几位少林和尚知道了，在法名叫昙宗、志操等僧人的带领下，这群身怀绝技的少林和尚及时解救

唐太宗
（即李世民，599—649）

了李渊的儿子。后来李渊打败了王世充和其他军阀，统一了中国并建立了唐王朝，成为唐朝的第一位皇帝。巧合的是，被少林武僧们解救的那位儿子后来成了唐朝的第二位皇帝，他叫李世民，人们称他为唐太宗。为了报答当年的救命之恩，唐太宗敕令由朝廷供养少林寺，特许少林和尚习武并拥有护寺僧兵。从此以后，少林寺除了禅宗祖庭这一崇高的佛教地位外，又成为中华武术发扬光大的重要场所。

举凡武术的门派与类别，发端或成就于少林寺的就有数十种，比如被武术界誉为少林武术“七十二技”，即分属“拳、掌、指、抓、手、腿、身、刀、棍、剑、杖、枪、阵……”各门类的武术奇技，几乎囊括了所有的武术类别。其中许多武技都与禅宗的信仰与修行方式息息相关。由此可见，禅宗与少林寺对中华武术的影响有多么深广。

3. 道教与武术

19 世纪 70 年代是中国考古发现的丰收时期，在陕西西安附近发现了兵马俑，在湖北随州发现了曾侯乙编钟，在湖南省长沙市发现了三座保存完好的汉墓，也就是被称为马王堆的西汉墓葬。在接下来的考古发掘中，马王堆汉墓出土了大量珍贵文物，达 3 000 余件。尤其是墓主为轪（dài）侯利仓之子的三号墓，出土了许多珍贵的文献与典籍。其中涉及早期道教的术数、方术与医术类有《篆书阴阳五行》、《隶书阴阳五行》、《五星占》、《天文气象杂占》、《出行占》、《木人占》、《符箓》、《神图》、《筑城图》、《园寝图》、《五十二病方》、《养生图》、《杂疗方》、

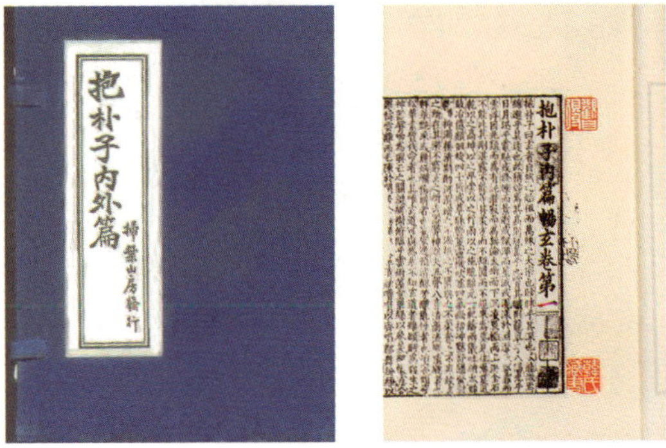

《抱朴子内外篇》书影

《导引图》等。通过这些典籍人们再次证实了道教从早期即把“养生”作为修炼的主要内容。道教修炼有许多具体方法，如服饵——类似于吃药、导引——类似于健身操、胎息——类似于气功、辟谷——类似于节食，等等。

这些典籍与文献的发现证明道家在很早的时期就总结出了一系列养生的理论与实践方法。

棍术（1975 年发行的中国邮票）

道教是中国的本土宗教。古代的道教认为“道”是万物之本，道虽然抽象虚玄，但通过修炼，人可以“得道”，甚至“升仙”。道教对养生的注重，衍生出了许多延年益寿的方法。如导引术，就是一种强身健体的健身操。

丘处机出行图（1148—1227）

道教的信徒通常都会从事一项基本的修炼活动——炼丹。如东晋时期的著名道教人物葛洪就是炼丹术的一个代表，他听说交趾郡——今越南北部和广西南部盛产丹砂，于是专门来到了珠江三角洲，最后选择了在罗浮山炼丹。在炼丹过程中，葛洪增进了对各种矿物的认识，掌握了某些物质的治病效果，因此葛洪既懂药学也懂医术，还著有医学典籍《金匮药方》。从养生到炼丹，再到识药知病，再回到养生，这些与我们刚才介绍长沙马王堆汉墓出土的文物是一脉相承的。

道教的另一个代表人物是宋元时期的丘处机。公元 1220 年，丘处机从中原出发经过长途跋涉到达位于中亚成吉思汗的行营，成吉思汗十分赞赏丘处机的思想，赐号

骑射图（清代工笔画）

“神仙”，赐爵“大宗师”。丘处机是一个很有思想的大师级道教人物，虽然没有任何文献证明他懂得武术，但金庸在他的新型武侠小说中把丘处机描绘成一个精通武艺的高人，并把丘处机武术技艺的精湛归结为道教的玄妙。金庸的描述虽属虚构，但在道理上是成立的。道教把养生与防病治病的生活规律结合起来，引入了早在春秋时期就已经形成的阴阳五行相生相克学说，并在胎息理论与实践的基础上形成气功，经过升级换代，再将本来属于养生术的气功转化为一种武术基本功与攻防技艺，成为一种特色武术。

不过，现在流行的观点是，道教对中华武术的影响与贡献，并不止于一技一艺，而是更高层次的观念，主要体现在两个方面。第一，道教的天地哲学观念深刻地影响了中华武术理论，道教思想给武术注入了天人合一、阴阳、虚实、动静、内外、刚柔等辩证理念，提升了武术的理论高度；第二，道教虚净无为的理念，极大地影响了武术活动的审美思想，使武术这种克敌制胜的功利技巧上升为一种艺术活动，丰富了中华武术的思想内涵，使武术运动得到了升华。

武德是中华武术的共识与价值观

武德是中国传统道德在武术领域的具体表现，体现了中国古代社会的价值观，因而武德往往被视为中国武术的最高境界。中国古代的武德与忠君、报国、勇毅、刚强、守信、仗义等以儒家思想为主流的品德规范有密切关联，其中侠义精神特别突出。武与侠常常相提并论，提倡士为知己者死，有恩必报，有仇必复。这种伦理是由古代人身依附的社会关系所决定的，以武术行侠仗义在古

关公千里走单骑离开曹营
（2011 年发行的中国邮票）

代或前法制时代似乎是一种理所当然的美德。

三节棍对双枪（1975 年发行的中国邮票）

现代社会进入法制时代，人们对武德有了不同的理解和规范，习武不再是为了格杀打斗（军警行业除外），而是为了健身，为了塑造身心。超越机体的局限，使身心得到升华才是武术的最高境界，才符合现代社会道德伦理。

1. **行侠仗义**

我们说到“武”或“武术”，通常会跟“侠”或“侠义”联系在一起。如在文学作品或小说里就有一种很受青少年读者欢迎的题材类型——武侠小说。什么是“侠”呢？简单地说，“侠”就是扶危济困，有恩必报，有诺必行。也就是说要帮助处于危难中的人们，别人给你的恩惠你一定要报答，你答应了的事情一定要去完成，要说到做到，一诺千金。

抗日劲旅 29 军大刀队（老照片）

司马迁是古代中国杰出的历史学家，他十分推崇侠义之士，所以他在《史记》里记载了很多侠士，像行刺秦始皇的荆轲、杀死王僚的专诸、刺死侠

枪术（1975 年发行的中国邮票）

累的聂政、行刺赵襄子的豫让等。比如豫让行刺赵襄子的故事就十分感人，根据司马迁的记载：豫让是春秋战国时代晋国公卿智伯的家臣，在家族兼并中，晋国的赵襄子杀掉了智伯。此事极大地刺激了曾经受惠于智伯的豫让，为了报答智伯的恩遇，豫让先后两次谋刺赵襄子。第一次行刺未遂，赵襄子觉得为主报仇是义士的行为，因此网开一面释放了豫让。可是豫让并不善罢甘休，为了准备下一次行刺，不惜把漆涂在身上，使皮肤溃烂成疮，并吞下了燃烧的炭火烧坏声带，通过毁容毁声乔装自己，以便行刺。但是，第二次行刺还是失败了。这一次赵襄子决定不再放过豫让，临刑前，豫让要求赵襄子把衣服脱下，让自己用剑刺衣，象征性地完成复仇行为。赵襄子满足了豫让的最后要求，豫让用宝剑把衣服挑起来反复刺杀后，仰天大呼："我可以报答九泉下的智伯了！"然后伏剑自杀。

像豫让一样，这些侠士都有一些共同的精神品质，他们把别人对自己的恩惠视为一种对自己的莫大尊重，不惜以死相报。显然，这种"士为知己者死"的风习或价值观在古代被认为是一种美德。古代侠士的报恩思想还包含了重感情、重然诺、视死如归等种种高贵精神品质。古往今来，这些侠士影响了一代代中国人，人们在说书、小说、戏剧等艺术形式中反反复复看到这些侠士的事迹，为他们的精神所感动。

青少年习武风采

2. 传统武德与武德典范

中国古代有一位很有名的武将，至今依然家喻户晓，他就是大名鼎鼎的关羽，也叫关云长，人们尊敬地称他为"关公"。明代以后甚至把他当作了神——武财神，或者奉他为帝——关帝，至今在中国许多地方，人们还能见到专门供奉他的关帝庙。还有在许多饭馆或店铺的神龛里，人们依然能见到被供奉的关羽塑像，甚至在海外的一些华人聚居区或唐人街的店铺里也能见到同样的情形。人们为什么那么尊敬关羽呢？这是因为他代表了中国传统的武德，可以说他是中国传统武德的践行者和集大成者。对于他在武德方面取得的成就，虽然充满了艺术的夸张甚至神化，但是，这正好说明了自古及今人们对武德基本内涵的界定有相通之处，或者说在人们的观念里武德应该是什么样子，应该有什么样的内容与条件，答案都在关羽身上，他便是传统武德的一个现身说法或榜样，也可以说他就是传统武德的化身。

关公夜读《春秋》
（2011 年发行的中国邮票）

关羽生于东汉末年，大约离现在有 1 800 年。当时天下大乱，国家没有了秩序，混乱中形成了一些政治军事强人，以强人为核心又组成了不同的团队，这些团队相互角逐抗争，志在夺取天下，大家把这种社会乱象叫做“群雄并起”、“逐鹿中原”。关羽加入了以刘备为首领的团队，成为带兵打仗的主将，参与到争霸天下的混战中。

关羽擅长使用长柄大刀，武艺高强。但他并不是一个单纯的武夫，他有理想、有文化。传说他白天带兵作战，夜里则在兵营帐篷里挑灯读书，读的是《春秋》——一部非常重要的中国历史经典著作。关羽曾与刘备桃园结义，因刘备与东汉王室有血缘关系，被认为具有代表王室的资格。因此，关羽终其一生追随刘备，对刘备十分忠诚。关羽身材高大威武，作战十分勇猛，在一次单挑悍将华雄的决战中，出战前别人为他送行斟上了热酒，关羽沉着地说：等我回来再喝吧！等关羽斩杀了敌将华雄回到营帐时，那杯酒依然还是温热的。在驻守荆州时，一次敌将鲁肃不怀好意地设宴邀请关羽，许多人劝关羽不要上当，把自己往虎口里送。但关羽毅然前往，仅让周仓一人随从，表现出了果敢无畏与诚实守信的精神品格。不过，关羽也曾经做过一件遭到非议的事情。

持戟的士兵

太极拳

在著名的赤壁大战中，落败的曹操在出逃的路上遭到了关羽的伏击，关羽本来可以轻而易举地捕获并杀死曹操，但出乎预料，关羽竟然把曹操放走了。有人说关羽在政治上太糊涂，怎么能够把强敌的首领放跑了。其实，关羽这样做自有其道理，关羽曾经一度与刘备失散，滞留在曹操的军营里，曹操对关羽照顾得十分周到。虽然曹操知道关羽的心思——身在曹营心在汉，一心要追随刘备，但曹操并没有特别地留难他，更没有要杀害他的意思，曹操这种惜才的态度使关羽终于找到了机会脱离曹营。在对待关羽“放曹”这件事情上，古往今来，虽有争议，但有一种观点显然占据主流，即为人处世不能以怨报德，恩恩相报才是正确的。按理说曹操是刘备集团的最大敌人，身为刘备集团核心成员的关羽理当斩杀曹操，这样做才符合功利目的，政治上才正确。但是，关羽这一次扮演了另一个角色，他超越自己的政治身份，像一个道德裁判，经过仔细掂量，选择放走曹操，他的行为准则超越了功利的价值伦理。正是这一表面上看很不合理的行为再次给关羽加了分，因为中国传统道德中有一项高级别的标准——“义”，即做人做事要讲情谊。

由此看来，关羽已经集“忠”、“勇”、“信”、“义”于一身，所以他在古代的武将里脱颖而出，成为习武者尊奉的楷模，俨然一位兼具所有武德的军神，具有历朝历代其他武将无法企及的崇高地位。

3. 止戈为武

刀术（1975 年发行的中国邮票）

大约 1 900 年前，中国古代一位名叫许慎的学者编写了第一部汉字字典——《说文解字》，许慎从“武”字的构造上解释了“武”的意思：“夫武定功戢兵，故止戈为武。”对此，清代学者段玉裁作了很好的解释，他在《说文解字注》这部重要的著作里介绍说，许慎引述了《左传》里楚庄王说过的一段话来定义“武”字，“夫文止戈为武。又曰，夫武

堂前习武（老照片）

闽南国术团访问新加坡演出与侨领陈镜清、李锳民先生合影留念（摄于20世纪上半叶）

禁暴戢兵保大定功安民和财者也。”翻译成白话文就是：“武所说的意思就是止戈，或者说武就是禁止暴力用兵，是保护人民和财产的手段。”段玉裁补充说：武这个字是会意字——即通过汉字造字结构来表现该字的意思。也就是说“止戈为武”，“止”就是阻拦终止，“戈”本指兵器，这里代表暴力或战争，“止戈”就是终止或对抗暴力。因此，“武”字在古代早期赋有一定的正当性，是个褒义词。如在《左传》里，烛之武就把“仁、智、武”并列在一起作为

练习刀术的燕京大学女生（摄于20世纪30年代）

正能量看待。当然在实际生活中，别说古代，即使是现代以暴抗暴的“武”都是一件极其难以约束的事情，因而“武”是需要规范的。所以说武德就是规范武术的价值性规则与共识。

“止戈为武”虽然是古老的解说，但对武术伦理或武德的建设依然有启示的价值。当今之世，习武已经不是为了报恩，更不是为了复仇，也不是为了格杀打斗，满足一己争强好胜的虚荣心。现代法治社会并不允许个人像古人那样去“行侠仗义，除暴安良”，只有授权的执法主体才拥有执法职能，也就是只有警察才能有执法行为，而且即使警察执法也必须受到许多的约束。所以，人们习武是为了兴趣爱好，为了磨炼意志，强身健体，不断超越机体的局限。当然，武德传统也并非要被全盘否定，如英勇无畏、诚实守信、隐忍克制、打抱不平、寻求公正、正当防卫、不滥施暴力等，仍然是被社会所认可并应该倡导的道德。

少林和尚比武图（壁画局部）

下篇

武术练一练

五　武术礼仪

武术礼仪是习武者应共同遵守的最基本的道德行为规范，是习武之人文明礼貌的一种体现。武术礼仪分为外在的礼仪方式和内在的礼仪精神，在前面的章节中，关于内在的武德已有论述，本章主要涉及外在的一些礼仪方式，这些已成规范或约定俗成的武术礼仪是应该为初学武术者所遵守的。当然，武术礼仪涵盖甚广，拜师学艺、比武结谊、待人接物均有一定的礼仪规范，师徒、同辈之间乃至武术比赛中运动员、教练员、裁判员等都有礼仪讲究，下面我们主要学一些最基本的礼仪礼节。

徒手礼

1. 抱拳礼

行礼者并步站立，右手握成拳，左手四指并拢伸直成掌，拇指屈拢，左掌心掩贴右拳面，左指尖与下颏基本平齐，右掌眼斜对胸窝，置于胸前屈臂成圆，肘尖略下垂，拳掌与胸相距 20 ~ 30 厘米。行礼者要注意头正、身直，目视受礼者，面容举止大方。抱拳礼一般在武术竞赛、表演和训练活动中广泛应用。(图 5 – 1)

图 5 – 1

2. 鞠躬礼

行礼者并步站立，两手垂置于体侧，手心向内贴于大腿外侧，上体向前倾斜 15 度。习武者一般在见到师长或领导时、表演或比赛演练结束时使用此礼；不适于应用抱拳礼的正式场合也可以使用此礼。（图 5－2）

图 5－2

持械礼

1. 抱刀礼

行礼者并步站立，左手抱刀，屈臂使刀斜横于胸前，刀背贴于小臂上，刀刃向上，右手拇指屈拢成斜侧立掌，以掌根附于左腕内侧，两腕部与肩同高，两臂外撑，肘略低于手，目视受礼者。

2. 持剑礼

行礼者并步站立，左手持剑，屈臂使剑身贴于小臂外侧，斜横于胸前，右手拇指屈拢成斜侧立掌，以掌根附于左腕内侧，两腕部与肩同高，两臂外撑，肘略低于手，目视受礼者。

3. 持枪（棍）礼

行礼者并步站立，右（左）手持枪（棍）把端三分之一处，屈臂置于胸前，枪（棍）身直立，枪尖（棍梢）向上，左（右）手拇指屈拢成斜侧立掌，以掌根附于右（左）腕内侧，两臂外撑，肘略低于手，目视受礼者。（图 5－3）

图 5－3

抱刀礼、持剑礼、持枪（棍）礼一般应用于武术竞赛、表演和训练活动中。

武术教学礼仪

武术教学的课堂是一个严肃的教育场所，师生要用武术礼仪的标准来约束自己，注意言行皆有礼。教学训练时，如有事向老师（教练）报告，师生均行抱拳礼。老师向学生问“同学们好”的同时，行抱拳礼。学生在回答“老师好”的同时，也行抱拳礼。然后师生都落手立正，礼毕，教学开始。训练结束时，老师向学生说“同学们再见”，学生在答“老师再见”的同时，行抱拳礼，老师先落手站立，然后学生再落手立正，礼毕，教学过程暂告结束。(图 5 -4)

图 5 -4

武术竞赛礼仪

1. 武术竞赛开幕式、闭幕式仪式

武术比赛开幕式上，当主持人宣布大赛开幕时，全体人员起立，面向国旗方向肃穆站立，升国旗，唱国歌。闭幕式上举行降旗仪式，全体人员唱国歌。

2. 运动员礼节

表演套路的运动员听到上场比赛的点名时，应向裁判行抱拳礼。然后走到裁判长的右侧半场完成相同方向的起势和收势。听到宣布最后得分时，也应向裁判行抱拳礼，以示答谢之意。

散打运动员上场后，被介绍时应先面向裁判原地行鞠躬礼，再转向观众行鞠躬礼。场上裁判检查护具完毕，双方运动员面对面互相行鞠躬礼。比赛结束后双方运动员上场，当听到宣布最后胜负时，应先向裁判行鞠躬礼，然后转向观众行鞠躬礼，再面向对手行鞠躬礼。

3. 裁判员礼节

裁判员应穿统一的服装，佩戴统一的裁判标志。比赛开始，主持人介绍技术监督委员会成员时，被介绍者起立行抱拳礼；介绍仲裁委员会时，被介绍者原地行抱拳礼；介绍裁判组、裁判员时，被介绍者左脚向前一步，右脚跟上并步站立行抱拳礼，礼毕，右脚后退一步，左脚退一步与右脚并步站立。

在比赛开始或比赛结束时，当运动员向裁判员行抱拳礼或鞠躬礼时，裁判员应点头示意，以示还礼。

武术表演和社会活动中的礼节

（1）在武术表演时，表演者在表演开始前，都应向现场的贵宾、领导和观众行抱拳礼或鞠躬礼。表演结束后行鞠躬礼。

图 5－5

（2）武术活动中，被人介绍时，被介绍者应行抱拳礼或鞠躬礼。

（3）武术器械递接方法：递接器械是武术外在形象的一个重要方面，向对方递交器械时刀尖、剑尖向下，切忌刀尖或剑尖指向对方；将枪、棍垂直离地约 20 厘米递给对方，切忌枪尖朝向对方，以失礼节。（图 5－5）

【故事链接】

李连杰观看武术比赛行“抱拳礼”

2008 年 8 月 22 日，“北京 2008 武术比赛”进入了第二个比赛日，虽然这一赛事并不是北京奥运会的正式比赛项目，但现场观众很多。当一个人出现时，更是引起大家的欢呼，他就是国际功夫巨星李连杰。李连杰进入比赛现场之后，像一个普通观众一样非常讲究礼貌、遵守秩序，在大家的欢呼声中，他向观众席行了一个标准的抱拳礼。观众席沸腾了，不少人还站起来，学着李连杰行抱拳礼，李连杰看到有的观众姿势不正确，还更正了他们的动作，一边示范一边解说这种特别的行礼方式的由来。在其后接受志愿者赠送的赛事吉祥物时，他也非常有礼貌地对志愿者行了抱拳礼。一个有着巨大国际影响力的功夫巨星、满载荣誉的老一辈武术运动员如此谦逊有礼，确实是所有习武之人的楷模。

六　长拳入门

练习指南

长拳是近三十年来发展起来的一个武术新拳种，其特点是姿势舒展、动作灵活、快速有力、节奏分明、力道饱满。

长拳的动作幅度大，对关节的灵活性要求比较高，特别是对肌肉、韧带的柔韧性和弹性要求高，因此，练习长拳能培养速度和灵敏性等身体素质。长拳特别适合青少年朋友练习，有着非常大的锻炼价值。

初学者在学习长拳时，要注意以下几个方面：

（1）动静结合，静如处子，动若脱兔。长拳要求拳的挥动迅速，迅雷不及掩耳，所以练习时要注意肩臂放松，关节灵活，当快则快，当慢则慢，身体保持稳固之势，静中有动。

（2）眼神锐利似电，眼随手动，目随势注。也就是说，练习长拳时，眼神要随着动作的变化而变化。当手上动作变化迅捷时，要求眼随手动、手到眼到，眼神专注于动作运行的方向，要像闪电一样锐利，透射出一定的威慑力。

（3）身段灵活，腰如蛇行。练习长拳时，身体有着很多诸如闪、转、折、弯、扭的动作，多以腰身为主宰，因此腰身要灵活多样、柔韧有度，只有这样，才能体现出长拳灵活有力、挺拔舒展的特点。

（4）步子稳固，发力顺达。初学者要注意，在站定时，脚就像黏在地上一样稳固，不动摇，同时也要注意轻快，动而不乱。发力时，要豁达流畅，这样动作才不会显得呆板、僵硬。

（5）精力饱满，气沉丹田。练习时要注意精神保持充沛、饱满，全神贯注，将勇武之气体现在每一个动作之中。由于长拳运动强度较大，所以要注意调整呼吸，要善于运用腹式呼吸“蓄气”，保持气息平衡。

基本技法

1. 手型

（1）拳

四指并拢，卷曲握紧，拇指压于食指、中指第二关节上。（图6－1）

（2）掌

四指伸直并拢，拇指弯曲，紧扣于虎口处。（图6－2）

（3）勾

五指指尖捏拢，屈腕用力。（图6－3）

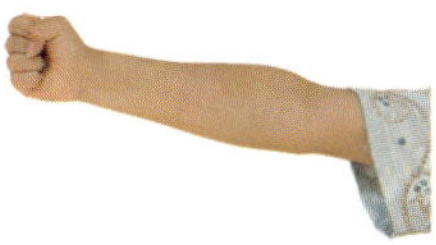

图6－1

图6－2

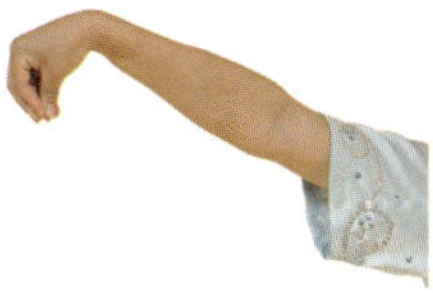

图6－3

2. 步型

（1）弓步

两腿前后开立，前腿稍微内扣，屈膝，大腿接近水平，膝关节与脚掌垂直；后腿挺膝伸直，脚尖内扣斜向前。两脚全脚掌着地。（图6－4）

图6－4

图 6－5

（2）马步

两腿平行开立，脚尖向前，屈膝半蹲，膝关节内扣，大腿接近水平。（图 6－5）

（3）仆步

两腿平行开立，一腿屈膝全蹲，大腿和小腿靠紧，臀部接近小腿，膝盖与脚尖稍外展；另一腿伸直平铺于地面，脚尖内扣。两脚全脚掌着地。（图 6－6）

（4）虚步

两腿前后开立，后腿脚尖斜向前，屈膝半蹲，大腿接近水平，全脚掌着地；前腿微屈脚跟离地，脚面绷紧，脚尖内扣并虚点地面。（图 6－7）

（5）歇步

两腿交叉全蹲，前脚全脚掌着地，脚尖外展；后脚脚后跟离地，臀部外侧坐于小腿处。（图 6－8）

图 6－6

图 6－7

图 6－8

3. 手法

（1）拳法

抱拳

两臂垂直上提，两手握拳抱于腰间，拳心朝上，肘尖向后。（图6－9、图6－10）

冲拳

拳从腰间向前快速推出，前臂内旋并加速用力，力达拳面。（图6－11）

图6－9

图6－10

图6－11

架拳

一拳架于头部上方，肘微屈为弧形，拳心朝上。（图6－12）

劈拳

手臂伸直，经体后向下、向前快速劈下，高与肩平，力达拳轮，目视前拳。（图6－13）

图6－12

图6－13

图 6－14

（2）掌法

推掌

掌由腰间向前推出，前臂内旋并加速前伸，臂伸直，高与肩平，力达掌沿。（图 6－14）

图 6－15

砍掌

臂由屈到伸，仰掌向左，俯掌向右击打，力达掌沿。（图 6－15）

架掌

一掌经体前弧形上摆至额前上方架起，肘微屈，掌心朝上，虎口朝下。（图 6－16）

4. **腿法**

（1）屈伸

弹腿

一腿直立支撑，另一腿屈膝提起，脚面绷平，向前弹击，高不过腰，力达脚尖。（图 6－17、图 6－18）

图 6－16

图 6－17

图 6－18

图 6－19

图 6－20

蹬腿

一腿直立支撑，另一腿屈膝提起，脚尖勾住，用脚跟猛力蹬出，大小腿一条线，脚高过腰。（图 6－19、图 6－20）

踹腿

一腿支撑身体，另一腿屈膝提起，脚尖勾起内扣，用脚底猛力踹出。高踹与腰平；低踹与膝平；侧踹时上身斜倾，脚高及腰。（图 6－21、图 6－22、图 6－23）

图 6－21

图 6－22

图 6－23

图 6－24

图 6－25

（2）直摆

正踢腿

一腿支撑伸直，另一腿挺膝，脚尖勾起向前额处快速前踢，动作轻快有力，上身保持正直。（图 6－24、图 6－25）

里合腿

一腿支撑伸直，另一腿从体侧踢起，经面前向里作扇面摆动落下，目视前方。（图 6－26、图 6－27）

图 6－26

图 6－27

图 6－28

图 6－29

外摆腿

与“里合腿”同，只是摆动方向相反而已。（图 6－28、图 6－29）

一招一式跟我练

1. 预备式

身体直立，两脚并拢，双臂下垂，两掌轻贴大腿外侧，精力集中，目视前方。（图 6－30）

图 6－30

2. 起势

（1）右脚后撤一大步，成左弓步，右手向右前砍掌，左掌置于腰间，目视右掌。（图 6－31）

（2）重心往后移，左掌自腰间向前穿，右掌回撤腰间，目视左掌。（图 6－32、图 6－33）

图 6－31

图 6－32

图 6－33

图 6－34

图 6－35

图 6－36

图 6－37

（3）重心后移成左虚步，右掌亮掌于上，左手变勾，目视左侧。（图 6－34、图 6－35、图 6－36）

（4）右腿蹬直，左腿屈膝提起，两掌向上托至与肩平，目视前方。（图 6－37）

（5）左脚下落，右腿上前一小步，两掌向下摆，掌心向上。（图 6－38）

（6）左脚上步，两腿并拢直立，两掌向体前划弧线。（图 6－39）

（7）两掌变拳，按在腹部前，目视左侧。（图 6－40）

图 6－38

图 6－39

图 6－40

图6－41

图6－42

3. 弓步冲拳

（1）左腿屈膝开步，成半马步；左臂屈肘外旋，向前、向内格挡，右拳收抱于腰间。（图6－41）

（2）右腿蹬直成左弓步，左臂外旋，左拳收于腰间，拳心向上；右拳向前快速冲出，高与肩平，拳眼向上，目视右拳。（图6－42）

4. 弹腿冲拳

重心向前移，右拳收抱于腰间，左拳自腰侧向前，立拳冲出，同时右腿屈膝提起至大腿水平后，小腿快速向前弹踢，绷直大小腿，目视左拳。（图6－43、图6－44）

图6－43

图6－44

图 6－45

5. 马步冲拳

右脚前落，上体左转，两腿屈膝半蹲成马步；左臂屈肘，左拳回收腰间，右拳向前立拳冲出，目视右拳。（图 6－45）

6. 弓步冲拳

（1）上体右转，右臂屈肘外旋，右拳格挡，左拳收抱于腰间，目视前方。（图6－46）

（2）左腿蹬直成右弓步，右拳收抱于腰间，左拳向前冲出，目视前方。（图 6－47）

7. 弹腿冲拳

重心前移，左拳收抱于腰间，右拳向前冲出；同时，左腿向前弹踢，目视前方。（图 6－48、图 6－49）

图 6－46

图 6－47

图 6－48

图 6－49

图 6－50

图 6－51

8. **大跃步前穿**

（1）左腿屈膝提起，右掌下按，上体向前倾斜。（图 6－50）

（2）左脚前落，双膝微屈，两掌向后方摆动，目视右掌。（图 6－51）

（3）两脚蹬地向前跃起，两掌后摆，目视右掌。（图 6－52）

（4）左腿向前铲出，成左仆步，右拳收抱腰间，左手立掌，目视左方。（图 6－53）

图 6－52

图 6－53

图 6－54

图 6－55

图 6－56

图 6－57

9. 弓步击掌

重心前移成左弓步，左掌搂手变勾并往后拉，右拳变掌向前推击。（图 6－54、图 6－55、图 6－56）

10. 马步架掌

上体右转，重心后坐，左掌前穿至左侧，目视左掌；左手向上亮掌，右手立掌于左侧，向右摆头。（图 6－57）

11. 虚步栽拳

（1）向右后转体，右腿屈膝提起，脚尖绷直；右掌变勾向后划弧线，目视右方。（图 6－58）

（2）身体左转，右脚后落成左虚步；左掌变拳落于左膝，右拳上架于头顶。（图 6－59、图 6－60）

图 6－58

图 6－59

图 6－60

图 6－61

图 6－62

图 6－63

12. **提膝穿掌**

（1）重心右移，身体往右转，右拳收抱腰间，左掌盖压于体前。（图 6－61）

（2）右腿蹬直，左腿屈膝提起，右拳变掌向前穿出，左手回收。（图 6－62）

13. **仆步穿掌**

左腿向前铲出，右腿下蹲成左仆步，左掌向前穿出。（图 6－63）

14. **虚步挑掌**

（1）重心前移，成左弓步，左手挑掌。（图 6－64）

（2）右脚上步，左膝微屈成右虚步，左掌后摆，右手挑掌，目视前方。（图 6－65、图 6－66）

图 6－64

图 6－65

图 6－66

图 6－67

图 6－68

图 6－69

15. 马步击掌

（1）右脚落实，重心稍向前，左拳收抱于腰间，右掌缠手变拳。（图 6－67）

（2）左脚上步，上体往右转，右拳向后拉，左手推掌。（图 6－68、图 6－69）

16. 叉步双摆掌

（1）重心往右移，双手向右摆掌，目视右掌。（图 6－70）

（2）重心往左移，右脚后撤成叉步，两掌左摆，目视左侧。（图 6－71、图 6－72）

图 6－70

图 6－71

图 6－72

图 6－73

图 6－74

17. **弓步击掌**

（1）身体右转，右掌向右划弧线，左掌收至腰间，目视前方。（图 6－73）

（2）左脚往后撤步，成右弓步，右掌变勾后撤，左掌前推，力达掌沿，目视前方。（图 6－74）

18. **收势**

（1）右脚回扣，右手变掌，体前交叉。（图 6－75）

（2）左脚后撤成右弓步，两掌舞花，目视右掌。（图 6－76）

图 6－75

图 6－76

图 6 – 77

图 6 – 78

图 6 – 79

图 6 – 80

（3）重心往前移，左脚前落成左虚步，右掌亮掌于头上，左手向后变勾，目视左侧。（图 6 – 77、图 6 – 78）

（4）左腿后撤成右弓步，两掌前穿，掌心向上，目视前方。（图 6 – 79）

（5）右腿后撤，两臂后摆，目视右手。（图 6 – 80）

（6）右腿直起，左腿回撤并拢，两掌变拳，屈臂下按至腹前，目视左侧。（图 6 – 81、图 6 – 82、图 6 – 83）

（7）两拳徐徐放下，身体直立，目视前方。（图 6 – 84）

图 6 – 81

图 6 – 82

图 6 – 83

图 6 – 84

七　太极拳入门

太极拳是中国武术内家拳的一种，它具有丰富的文化内涵，融哲学、医学、拳学于一体。习练太极拳要求心静体松、轻灵沉稳、柔和缓慢、连贯圆活、协调完整、呼吸自然、意领身随等。可见太极拳含蓄内敛，追求达到意、气、形、神圆融一体的最高境界，使习练者在强身健体、延年益寿的同时，还能修炼自身，提高自身素质。

太极拳动作柔和，速度较慢，拳式易学，而且幅度、运动量都可以根据个人的体质来调整，能适应不同年龄、体质的需要，可谓男女老少皆宜。太极拳讲究呼吸、意念与手、眼、身、步的和谐，强调内外兼修，是具有技击、健身、养生、修身等多重功能的优秀运动项目，深得大众的喜爱。

练习指南

1. 场地要求

太极拳对场地的要求不高，只要光线明亮，空气流通，能够舒展开动作即可。

2. 服装要求

适宜穿着舒适宽松的服装，如领口、腰带以及手腕、脚踝部位应略微宽松。鞋子以柔软合脚的运动鞋为宜。

3. **注意事项**

（1）要求身心放松。心情不平静时不宜练太极拳，如剧烈运动后、情绪激动时等；身体紧张时不宜练太极拳，如饱食后、酗酒后、女性生理期。

（2）每天练习时间以 30 ~ 120 分钟为宜，练习过程最好不要中断，因为太极拳讲究的是连贯圆活，失去连贯性，效果将大大降低。

（3）避免受凉。潮湿气候下不宜练习太极拳。练习后如果出汗，不能马上脱衣服，更不能用冷水洗澡。

（4）适当调节运动量，如体弱者可根据自身情况调整练习的时间、幅度等。

基本技法

1. **基本手型**

（1）掌

五指自然伸直分开，虎口成弧形，指关节放松，手指向掌心侧微屈不伸直，掌心微合。（图 7－1）

（2）拳

五指自然握拢，拇指压在食指和中指的第二指关节上。拳面平，拳背和小臂同一直线，拳要松握，不宜握得太紧。（图 7－2）

（3）勾

屈腕，五指自然合拢，指尖捏拢，指尖朝下，掌心含空，手指和手腕要轻松自然。（图 7－3）

图 7－1

图 7－2

图 7－3

图 7－4

图 7－5

2. **基本手法**

（1）掤

上体直立，屈臂呈弧形从下往上掤至胸前，掌心与胸口相对，力达前臂外侧。（图 7－4、图 7－5）

（2）捋

一手前伸与肩同高，掌心斜向下，另一手置于前伸手肘下，掌心向上，双臂微屈由体前划弧至腹前侧。（图 7－6、图 7－7）

图 7－6

（3）挤

一手屈臂横于胸前，掌心向内，另一手向前按于屈臂手腕内侧，两手同时用力向前挤出，高不过肩，低不过胸。（图 7－8、图 7－9）

图 7－7

图 7－8

图 7－9

图 7－10

图 7－11

（4）按

分下按和前按，单手或双手自上向下为下按，从后经下向前弧形推出为前按。（图7－10、图 7－11）

图 7－12

（5）推掌

掌于胸前或肩部推出，掌心向前，与肩同高。（图 7－12、图 7－13）

（6）抱球

一臂微屈伸于体前，与肩同高，掌心向下，另一臂微屈于腹前，掌心向上，形似抱球于体前。（图 7－14）

图 7－13

图 7－14

图 7－15

图 7－16

图 7－17

（7）云手

两掌于体前交叉，由内向外划立圆，左手逆时针，右手顺时针，手高不过头，低不过裆。两掌经面部时掌心向内，经裆部时掌心斜向下。（图 7－15、图 7－16、图 7－17）

3. **基本步型**

（1）开立步

两脚开立，与肩同宽，脚尖向前，两脚尖微微外展，两臂自然下垂于体侧站立。（图 7－18）

（2）虚步

后腿屈膝半蹲，全脚着地，脚尖斜向前，大腿压低近水平；另一腿微屈置于身前，以前脚掌或脚尖着地，脚面绷紧。左脚在前为左虚步，右脚在前为右虚步。（图 7－19）

图 7－18

图 7－19

图 7－20

（3）弓步

前脚全脚着地踏实，前腿屈膝，小腿与地面垂直，膝盖不要超过脚尖。后腿自然蹬直，左脚在前为左弓步，右脚在前为右弓步。（图 7－20）

（4）丁步

一腿屈蹲作为支撑腿，全掌着地，脚尖斜向外，另一腿脚尖点地，置于支撑腿脚踝内侧位置，脚跟提起。（图 7－21）

图 7－21

（5）仆步

一腿屈膝全蹲，全掌着地，臀部尽量贴近小腿，膝和脚尖略向外，另一腿向体侧伸直，脚尖内扣。过程中上身中正，气息下沉。（图 7－22）

（6）独立步

一腿实踏在地，膝微屈，脚尖向前，自然站直，另一条腿屈膝提起，大腿与地面平行，小腿下垂，脚尖向前。（图 7－23）

4. **基本步法**

详见“剑术入门”一章。

图 7－22

图 7－23

一招一式跟我练

1. 预备式

两脚并拢，身体自然直立，心静体松，两手轻贴大腿外侧，目视前方。（图 7－24）

图 7－24

2. 起势

（1）重心右移，左脚向体侧开步，两脚与肩同宽，脚尖向前。身体自然直立，两手向前抬起，与肩平高，与肩同宽，掌心向下。（图 7－25）

（2）两腿屈膝下蹲，两肘同时下沉，两掌随肘下按，按到两胯侧前方，掌心向下，目视前方。（图 7－26）

图 7－25

3. 左右野马分鬃

（1）上体右转，重心右移，右臂收于胸前，掌心向下，左手旋臂向下，落于右手下，掌心向上，两手成抱球状。同时，左脚内收成丁步，目视右掌。（图 7－27）

（2）上体左转，抱球向左前迈步，先脚跟后脚掌，左腿屈膝成左弓步，重心左移。分掌推按，左手推至与眼同高，掌心斜向上，右手按至右胯前侧，掌心向下，两臂微屈，目视左掌。（图 7－28）

图 7－26

图 7－27

图 7－28

图 7－29

图 7－30

图 7－31

（3）右腿屈膝后坐，重心后移，左脚脚尖翘起，上体左转，重心左移，右脚内收成丁步。两手成抱球状，左上右下，掌心相对，目视左掌。（图 7－29、图 7－30）

（4）右腿向右前迈步，屈膝成右弓步，重心右移。同时上体右转，分掌推按，右掌推至与眼同高，掌心斜向上，左掌按至左胯前侧，掌心向下。两臂微屈，目视右掌。（图 7－31）

（5）重心后移，右脚脚尖抬起，上体右转，右脚踏实，重心右移，左脚内收成丁步。同时两手于左胸前成抱球状，右手上、左手下，掌心相对，目视右掌。（图 7－32、图 7－33）

图 7－32

图 7－33

（6）左脚向左前迈步，屈膝成左弓步，重心左移。同时上体左转，分掌推按，左掌推至与眼同高，掌心斜向上，右掌按至右胯前侧，掌心向下。两臂微屈，目视左掌。（图 7－34）

图 7－34

4. 白鹤亮翅

（1）上体左转，重心左移，右脚跟步向前，左手内旋翻掌，收于胸前，掌心向下，右手外旋至腹前，掌心向上，两手成抱球状，目视前方。（图 7－35）

图 7－35

（2）右腿屈膝后坐，重心后移，上体右转，两掌向右、向上划弧至右肩前侧，目视右掌。左脚稍向左方移动，脚尖点地成虚步。（图 7－36）

（3）上体左转回正，左脚尖点地成左虚步。两手随转体向右上、左下分掌，右掌上抬至右额前，掌心向左，左掌按至左胯前侧，掌心向下，目视前方。（图 7－37）

5. 左右搂膝拗步

（1）上体左转，右掌向下、向右划弧至右胯前，臂微屈，掌心斜向上，同时左掌划弧至左肩前侧，掌心斜向下，目视左前方。（图 7－38）

图 7－36

图 7－37

图 7－38

图 7－39

图 7－40

图 7－41

（2）上体右转，左脚内收成丁步，重心后移，右臂上抬至右肩前侧，腕与肩同高，掌心斜向上，左手按落于右肋旁，掌心斜向下，目视右掌。（图 7－39）

（3）上体左转，左脚向左迈步，先脚跟后脚掌，重心后移。同时屈右肘，内收至右耳侧，左手下按至腹前，随即左腿屈膝成左弓步，重心前移。右掌掌心斜向前推出，指尖与鼻尖齐平；左掌经腹前搂至左胯前，目视前方。（图 7－40、图 7－41）

（4）左腿蹬伸，重心后移，左脚尖抬起外展，右腿蹬伸，左腿屈膝成左弓步，上体左转，重心前移，右脚内收成丁步。同时左掌翻掌向上，腕与肩同高，掌心斜向上，右掌向左落到左肋旁，掌心斜向下，目视左掌。（图 7－42、图 7－43）

图 7－42

图 7－43

图 7－44

图 7－45

图 7－46

（5）上体右转，右脚向右迈步，脚尖翘起，同时屈左肘，内收至左耳侧，右掌下按至腹前，随即左腿蹬伸，右腿屈膝成右弓步。左掌掌心斜向前推出，指尖与鼻尖齐平；右掌经腹前搂至右胯前，目视前方。（图 7－44、图 7－45）

（6）右腿蹬伸，重心后移，右脚尖外展，左腿蹬伸，右腿屈膝成右弓步。上体右转，重心右移，左脚内收成丁步。同时右掌翻掌向上，腕与肩同高，掌心斜向上，左掌向右落到右肋旁，掌心斜向下，目视右前方。（图 7－46、图 7－47）

（7）上体左转，左脚向左迈步，先脚跟后脚掌，重心后移，同时屈右肘，内收至右耳侧，左手下按至腹前，随即左腿屈膝成左弓步，重心前移。右掌掌心斜向前推出，指尖与鼻尖齐平；左掌经腹前搂至左胯前，目视前方。（图 7－48、图 7－49）

图 7－47

图 7－48

图 7－49

图 7－50

图 7－51

图 7－52

6. **手挥琵琶**

（1）重心前移，右脚向前跟半步，脚尖点地，右掌向前推出，掌心向前，左掌按至左膝外侧。（图 7－50）

（2）右脚跟着地，重心后移，上体右转，左脚上提前移成左虚步。同时左手向前抬到左胸前，腕与肩同高，手臂微屈，掌心向右，右手下收至左肘内侧，掌心向左，目视左掌。（图 7－51）

7. **左右倒卷肱**

（1）上体右转，左脚脚尖翘起，右掌回收至腹前，掌心向内，随即右掌旋臂向后上方划弧，与耳同高，掌心斜向上，同时左手旋臂翻掌，掌心向上，目视右掌。（图 7－52、图 7－53）

（2）上体左转，左脚提起内收，同时右臂屈肘收掌至右耳旁，掌心斜向下，随即左脚向后落步，先脚掌后脚跟，重心后移，上体左转，转为右虚步，同时右掌前推，与肩同高，掌心向前，左掌回收至腹前，掌心向上，目视右掌。（图 7－54、图 7－55）

图 7－53

图 7－54

图 7－55

图 7－56

图 7－57

（3）上体左转，左掌向后上方划弧，与耳同高，掌心斜向上，同时右手旋臂翻掌，掌心向上，目视左掌。（图 7－56）

（4）上体右转，右脚提起内收，同时左臂屈肘收掌至左耳旁，掌心斜向下，随即右脚向后落步，先脚掌后脚跟，重心后移，上体右转，转为左虚步，同时左掌前推，与肩同高，掌心向前，右掌回收至腹前，掌心向上，目视左掌。（图 7－57、图 7－58）

图 7－58

（5）上体右转，右掌向后上方划弧，与耳同高，掌心斜向上，同时左手旋臂翻掌，掌心向上，目视右掌。（图 7－59）

（6）上体左转，左脚提起内收，同时右臂屈肘收掌至右耳旁，掌心斜向下，左手不变，目视左掌。（图 7－60）

图 7－59

图 7－60

图 7－61

图 7－62

（7）左脚向后落步，先脚掌后脚跟，重心后移，上体左转，转为右虚步，同时右掌前推，与肩同高，掌心向前，左掌回收至腹前，掌心向上，目视右掌。（图 7－61）

（8）上体左转，左掌向后上方划弧，与耳同高，掌心斜向上，同时右手旋臂翻掌，掌心向上，目视左掌。（图 7－62）

（9）上体右转，右脚提起内收，同时左臂屈肘收掌至左耳旁，掌心斜向下，右手不变，目视右掌。（图 7－63）

（10）右脚向后落步，先脚掌后脚跟，重心后移，上体右转，转为左虚步，同时左掌前推，与肩同高，掌心向前，右掌回收至腹前，掌心向上，目视左掌。（图 7－64）

图 7－63

图 7－64

图 7－65

图 7－66

8. **左揽雀尾**

（1）上体右转，左脚内收成丁步，右掌向上划弧至右胸前，掌心向下，左掌放松下落，翻掌，经腹前向右下划弧，掌心向上，两手于右胸前屈臂成抱球状，目视右掌。（图 7－65）

（2）上体左转，左脚向左前上步屈膝成左弓步，重心前移，同时左臂半屈向上划弧掤于体前，腕与胸同高，掌心向内，右手下按至右胯前，掌心向下，目视左掌。（图 7－66）

（3）左掌翻掌前伸，掌心斜向下，与肩同高，右掌翻掌向左上伸出至左肘下，手臂微屈，掌心斜向上。左腿蹬伸，右腿屈膝，重心后移，同时身体右转，两手向下、向右捋，右掌与肩同高，掌心斜向内，左掌捋至右胸前，掌心斜向下方，目视右前方。（图 7－67、图 7－68、图 7－69）

图 7－67

图 7－68

图 7－69

图 7－70

图 7－71

图 7－72

（4）上体左转，左手屈臂于胸前，掌心向内，右手同时放于左手腕内，掌心向前。右腿蹬伸，左腿屈膝成左弓步，重心前移，两掌前挤，两臂撑圆，高不过肩，低不过胸。（图 7－70、图 7－71）

（5）左掌翻掌前伸，同时右掌经左手手背向右前方伸出，两手与肩同宽，掌心向下。随即右腿屈膝后坐，重心后移，左脚脚尖翘起，同时两手屈肘回收至胸前，掌心斜向前，目视前方。（图 7－72、图 7－73）

（6）两手下推至腹前，重心前移，左腿屈膝成左弓步，然后两手前推，手腕与肩同高，掌心向前，目视前方。（图 7－74）

图 7－73

图 7－74

图7－75

图7－76

图7－77

9. 右揽雀尾

（1）右腿屈膝半蹲，重心后移，左脚脚尖翘起，上体右转，左脚脚尖内扣踏实，右手向右划弧至右侧前，目视右掌。（图7－75）

（2）上体右转，重心左移，右脚内收成丁步，同时左掌向右上划弧至胸前，掌心向下，右掌经腹前向右下划弧，掌心向上，两掌于右胸前屈臂成抱球状，目视左掌。（图7－76）

（3）上体右转，右腿向右前上步屈膝成右弓步，重心前移，同时右臂半屈向上划弧掤于体前，腕与胸同高，掌心向内，左手下按至右胯前，掌心向下，目视右掌。（图7－77）

（4）右掌翻掌前伸，掌心斜向下，与肩同高，左掌翻掌向右上伸出至右肘下，手臂微屈，掌心斜向上。右腿蹬伸，左腿屈膝，重心后移，同时身体左转，两手向下、向左捋，左掌与肩同高，掌心斜向内，右掌捋至左胸前，掌心斜向下方，目视左前方。（图7－78、图7－79、图7－80）

图7－78

图7－79

图7－80

图 7－81

图 7－82

图 7－83

（5）上体右转，右手屈臂于胸前，掌心向内，左手落于右手腕内，掌心向前。左腿蹬伸，右腿屈膝成右弓步，重心前移，两掌前挤，两臂撑圆，高不过肩，低不过胸。（图 7－81、图 7－82）

（6）右掌翻掌前伸，同时左掌经右手手背向左前方伸出，两手与肩同宽，掌心向下。随即左腿屈膝后坐，重心后移，右脚脚尖翘起，同时两手屈肘回收至胸前，掌心斜向前，目视前方。（图 7－83、图 7－84）

（7）两手下推至腹前，重心前移，右腿屈膝成右弓步，然后两手前推，手腕与肩同高，掌心向前，目视前方。（图 7－85）

图 7－84

图 7－85

图 7－86

图 7－87

10. **单鞭**

（1）右腿蹬伸，脚尖内扣，上体后坐，重心左移；上体左转，两掌向左划弧，左臂平举身侧，与肩同高，右掌经腹前至左肋前，目视左掌。（图 7－86）

（2）上体右转，重心右移，左脚内收，脚尖点地，两掌向右划弧，右臂微屈，与肩齐高，五指捏拢成勾手，左掌经腹前至右肩前，目视前方。（图 7－87）

（3）上体左转，左脚向前迈步，成左弓步；重心左移，左掌向前推掌，手心向前，手与眼齐平，目视左掌。（图 7－88）

11. **云手**

（1）重心右移，上体右转，左脚尖内扣，勾手变掌，左手向右划弧至右腹前，目视右掌。（图 7－89）

图 7－88

图 7－89

图 7－90

图 7－91

（2）上体左转，重心左移，右腿蹬伸，左腿屈膝成左弓步，同时左手向前上划弧至左胸前，与肩同高，掌心向内，右手下按至腹前，掌心向内，目视左前方。（图 7－90）

（3）上体左转，右脚横收，落脚屈膝，左掌翻掌向外，右掌划弧至左肘下，掌心斜向上，目视左掌。（图 7－91）

（4）上体右转，重心右移，左脚横开，先脚掌后脚跟，两掌向右划弧，右掌与肩同高，左掌经腹前至右肋前，目视右掌。（图 7－92）

（5）上体左转，重心左移，右腿蹬伸，左腿屈膝成左弓步，同时左手向前上划弧至左胸前，与肩同高，掌心向内，右手下按至腹前，掌心斜向上，目视左前方。（图 7－93）

（6）上体左转，右脚横收，落脚屈膝，左掌翻掌向外，右掌划弧至左肘下，掌心斜向上，目视左掌。（图 7－94）

图 7－92

图 7－93

图 7－94

图 7－95

图 7－96

图 7－97

（7）上体右转，重心右移，左脚横开，先脚掌后脚跟，两掌向右划弧，右掌与肩同高，左掌经腹前至右肋前，目视右掌。（图 7－95）

（8）上体左转，重心左移，右腿蹬伸，左腿屈膝成左弓步，同时左手向前上划弧至左胸前，与肩同高，掌心向内，右手下按至腹前，掌心斜向上，目视左前方。（图 7－96）

（9）上体左转，右脚横收，落脚屈膝，左掌翻掌向外，右掌划弧至左肘下，掌心斜向上，目视左掌。（图 7－97）

12. **单鞭**

（1）上体右转，重心右移，两掌向右划弧，右掌经面前至右前侧成勾手，左掌经腹前至右肩前，目视右前方。（图 7－98）

（2）上体左转，左脚提起向左迈步，先脚跟后脚掌，屈膝成左弓步，左掌翻转推出，目视左前方。（图 7－99）

图 7－98

图 7－99

图 7－100

图 7－101

图 7－102

13. **高探马**

（1）右脚跟步，重心前移，成右后虚步，右勾手外旋变掌，左掌翻转向上。（图 7－100）

（2）右脚踏实，重心后移，成左虚步，右掌收至右耳旁，掌心斜向下，左手不变，目视左前方。（图 7－101）

（3）右掌从耳侧向前推出，与眼同高，掌心向前。同时上体左转，左掌收至腹前，目视右掌。（图 7－102）

14. **右蹬脚**

（1）左掌前伸至右掌上，掌背交叉相叠，左脚上提向左前迈步，屈膝成左弓步。两掌向外推出，掌心斜向下，目视右前方。（图 7－103、图 7－104）

图 7－103

图 7－104

图 7－105

图 7－106

（2）右腿蹬伸，重心前移，随即右脚内收上提成独立步，两掌向内划弧，右外左里，掌心向内抱于胸前，目视右前方。（图 7－105）

（3）右脚向右上蹬出，脚尖内勾，同时左右分掌，右掌至右腿上方，与肩同高，左掌至左肩前，与肩同高，目视右前方。（图 7－106）

15. **双峰贯耳**

（1）右腿屈膝收腿，成独立步，上体右转，两掌内旋至右膝上方，与肩同宽，掌心向上，目视前方。（图 7－107）

（2）左腿屈蹲，右脚向前迈步成右虚步，两掌下落至两胯前，掌心向上，目视前方。（图 7－108）

（3）左腿蹬伸，右腿屈膝成右弓步，两手由掌变拳，两拳向前合击于体前，与耳同高，目视前方。（图 7－109）

图 7－107

图 7－108

图 7－109

图 7－110

图 7－111

图 7－112

16. **转身左蹬脚**

（1）左腿屈膝后坐，右脚内扣，上体左转，重心左移，同时两拳变掌，向左右分掌至体侧，掌心向前，与肩同高，目视左前方。（图 7－110）

（2）重心右移，左脚内收上提成独立步，两掌划弧合抱于胸前，掌心向内，左外右里，目视左前方。（图 7－111）

（3）左脚向左上蹬出，脚尖内勾，同时左右分掌，左掌至左腿上方，与肩同高，掌心向左前方，右掌至右肩前，与肩同高，掌心向右前方，目视左前方。（图 7－112）

17. **左下势独立**

（1）左腿屈膝收腿，成独立步，上体右转，右掌变勾，勾尖向下，左掌划弧至右肩前，掌心斜向右后方，目视右手。（图 7－113）

（2）右腿屈膝下蹲，左腿横开成左仆步，左掌下落，沿左腿内侧穿出，掌心斜向下，目视左掌。（图 7－114、图 7－115）

图 7－113

图 7－114

图 7－115

图 7－116

图 7－117

（3）左脚尖外展，重心前移，屈膝成左弓步，左掌前穿，与肩同高，掌心斜向下，勾手翻转右后，勾尖向上，目视左掌。（图 7－116）

（4）上体左转，重心左移，右腿屈膝上提成独立步，同时左手按至左胯前侧，右勾手变掌，向前上提，屈臂与右膝相接，掌心向左，目视右掌。（图 7－117）

18. 右下势独立

（1）右脚落于左脚前，以脚掌为轴左转，左掌左抬变勾手，右手划弧至左肩前，掌心斜向内，目视左手。（图 7－118）

（2）左腿屈膝下蹲，右腿横开成右仆步，右掌下落，沿右腿内侧穿出，掌心斜向下，目视右掌。（图 7－119）

（3）右脚尖外展，重心前移，屈膝成右弓步，右掌前穿，与肩同高，掌心向前，勾手翻转左后，勾尖向上，目视右掌。（图 7－120）

图 7－118

图 7－119

图 7－120

图 7－121

图 7－122

图 7－123

（4）上体右转，重心右移，左腿屈膝上提成独立步，同时右手按至右胯前侧，左勾手变掌，向前上提，屈臂与左膝相接，掌心向右，目视左掌。（图 7－121）

19. 左右穿梭

（1）左脚落地成丁步，两掌分开划弧，左上右下，于左胸前成抱球状，目视左前方。（图 7－122）

（2）右脚上步，脚跟着地成右虚步，同时左手按至左胯前侧，掌心向下，右掌划弧至右肩前，掌心斜向上，目视右掌。（图 7－123）

（3）左腿蹬伸，右腿屈膝成右弓步，右掌内旋翻掌至额前，掌心斜向上，左掌前推，推至左胸前，掌心向前，目视左前方。（图 7－124）

（4）上体左转，随即重心右移，收左脚成丁步，两掌分开划弧，右上左下，于左胸前成抱球状，目视左前方。（图 7－125）

图 7－124

图 7－125

图 7－126

图 7－127

（5）左脚上步，脚跟着地成左虚步，同时右手按至右胯前侧，掌心向下，左掌划弧至左肩前，掌心斜向上，目视左掌。（图 7－126）

（6）右腿蹬伸，左腿屈膝成左弓步，左掌内旋翻掌至额前，掌心斜向上，右掌前推，推至右胸前，掌心向前，目视右前方。（图 7－127）

20. 海底针

（1）右脚跟步，左脚跟提，上体右转，右掌提至右耳侧，掌心向内，左掌按至左胯前侧。（图 7－128）

（2）上体左转，左脚提步前移成左虚步，同时右掌向前下方插出，掌心向左，左手按至左膝侧，掌心向下，目视前下方。（图 7－129）

21. 闪通背

（1）右掌上举，举至右胸前，掌心向左，左掌上抬至右腕内侧，掌心向右臂，目视前方。（图 7－130）

图 7－128

图 7－129

图 7－130

图 7 - 131

图 7 - 132

（2）上体右转，重心右移，左脚进步屈膝成左弓步，同时右掌上举至额前，掌心向外，左掌向外翻转前推，与肩同高，掌心向前，目视左掌。（图 7 - 131）

22. **转身搬拦捶**

（1）上体后坐，重心右移，随即身体右转，重心左移，右脚内收，右掌向下握拳经腹前至左肋旁，拳心向下，左掌上按至胸前，掌心斜向下，目视右前方。（图 7 - 132）

（2）上体右转，右脚上步，脚尖翘起，同时右拳经胸前搬出，与胸同高，拳心向上，左掌下按至左胯前侧，掌心向下，目视前方。（图 7 - 133）

（3）上体右转，重心右移，随即左脚上步，脚尖翘起，同时右拳划弧收于右侧腰间，拳心向上，左掌上提向右拦至胸前，掌心向右，目视左掌。（图 7 - 134）

图 7 - 133

图 7 - 134

图 7－135

图 7－136

（4）左腿屈膝成左弓步，同时右拳向前打出，拳心向左，与胸同高，左掌收于右臂内侧，掌心向右，目视前方。（图 7－135）

图 7－137

23. **如封似闭**

（1）左掌于腕下伸出，右拳翻转变掌，两掌掌心向上，与肩同高、同宽，目视前方。（图 7－136、图 7－137）

（2）右腿屈蹲，重心后移，左脚尖翘起，两掌于胸前翻掌，向下按至腹前，掌心斜向前，目视前方。（图 7－138）

（3）左腿屈膝成左弓步，重心前移，两掌向前推出，掌心向前，与肩同高，目视前方。（图 7－139）

图 7－138

图 7－139

图 7－140

图 7－141

24. **十字手**

（1）右腿屈膝后坐，上体右转，重心右移，左脚尖内扣，同时右掌向右划弧至右侧，两臂平举微屈，掌心斜向外，目视右掌。（图 7－140）

（2）重心左移，右脚收步，两脚与肩同宽，屈膝半蹲，两掌向下划弧收于胸前，两臂撑圆成十字，右外左内，掌心向内，目视前方。（图 7－141）

25. **收势**

（1）两臂内旋翻掌，与肩同宽、同高，两臂微屈，掌心向下，目视前方。（图 7－142）

（2）两掌自然垂落，轻贴两腿外侧，同时收左腿成并步，目视前方。（图 7－143）

图 7－142

图 7－143

八　剑术入门

剑是武术中常见的短器械，被誉为“兵器之神”，具有君子之风，自古文人侠士及将军统帅多爱佩剑。剑术在我国有着悠久的历史和广泛的群众基础，在我国传统武术中有着非常高的地位。

剑术具有优美潇洒、灵动飘逸、轻快敏捷、刚柔并济等特点，所以有着非常高的观赏价值。另外，剑术注重调息和运气，并融合于套路中，形神合一，内外兼修，具有良好的健身作用。经常练习剑术，可以强身健体、修身养性。

练习指南

1. 场地要求

剑术练习要求场地地面平坦，空间开阔，利于伸展，以确保自身及他人安全，如操场、广场、公园、球场等。

2. 服装要求

服装材质以舒适为宜，选用平绒或绸缎面料效果较佳。款式宽松，便于伸展，长袖或短袖可自由选择，裤子裆位要适宜。

鞋子应柔软舒适，多选用软胶底、帆布面武术鞋。

练习期间一般不佩戴饰物，如手表、手镯、项链、耳环等应提前取下。

3. **器材要求**

如今练习剑术所用的多为长剑，由剑把和剑身组成。剑把部分一般包括剑首、剑柄、护手等，并在剑首处系上剑穗；剑身则包括剑刃、剑脊、剑锋、剑尖等。另外，长剑多配置剑鞘，用于盛装剑器。（图 8－1）

图 8－1

剑的长度应与练剑者身高相匹配，即反手垂臂持剑时，剑尖不低于人耳上沿。在比赛等要求较严格的场合，要求剑及剑穗的总重量在 0.5 千克至 1 千克不等，其中成年男子所持剑重量不得低于 0.6 千克，成年女子所持剑重量不得低于 0.5 千克。

4. **注意事项**

（1）剑术运动要求身心放松，精神愉快，身体紧张时不宜练习，饱食后、酗酒后亦不应进行剑术运动。

（2）正式开始剑术运动前，要进行一定的全身性准备活动，如跑步、弯腰、压腿、踢腿、扩胸、伸展，放松肩颈及髋部、踝关节等。

（3）剑术运动时间以每天 30 分钟以上为佳，但对于初练剑术者来说，时间不宜过长，视自己的身体情况而定。随着练习的深入，可逐渐延长练习时间。

基本技法

图 8－2

1. **手型**

指（剑指）：不持剑的手，食指、中指并拢伸直，其余三指弯曲置于掌心，大拇指压在无名指及小拇指第二指节处。（图 8－2）

图 8－3

图 8－4

2. **身法**

（1）转身

按进攻及防守需要，向左向右转身，但转身的角度和方向根据进攻及防守的实际情况会有所不同。（图 8－3、图 8－4）

（2）拧身

两脚开立，身体向左或向右拧身。（图 8－5、图 8－6）

（3）仰身

并步站立，右脚撤步，重心后移，上体后仰，提剑至头上方，剑指按于手腕内。（图 8－7）

图 8－5

图 8－6

图 8－7

图 8－8

图 8－9

图 8－10

图 8－11

3．手法

（1）正握剑

五指卷握剑柄，剑刃与虎口相对，掌心向内，立剑（剑刃向上或向下）。（图 8－8）

（2）反握剑

五指卷握剑柄，剑刃与虎口相对，掌心向外，立剑。（图 8－9）

（3）俯握剑

五指卷握剑柄，剑面与虎口相对，掌心向下，平剑（剑刃向左或向右）。（图 8－10）

（4）仰握剑

五指卷握剑柄，剑面与虎口相对，掌心向上，平剑。（图 8－11）

4．步型

（1）弓步

两脚前后跨出三脚半左右的距离，前腿屈膝成弓形，脚尖朝前并与膝盖垂直，膝盖不超过脚尖；后腿自然伸直，脚尖内扣斜向前方。（图 8－12）

图 8－12

图 8－13

图 8－14

（2）马步

两脚左右跨出约三脚距离，脚尖正对前方，屈膝半蹲，大腿压低近水平。（图 8－13）

（3）仆步

一腿屈膝全蹲，大腿靠紧小腿，膝及脚尖略外展，全脚着地；另一腿向侧面伸直，平铺接近地面，脚尖内扣，全脚着地。（图 8－14）

（4）横裆步

两腿左右分立，两脚比肩宽，脚尖向前，全脚着地。一腿屈膝半蹲，大腿与地面平行，另一腿自然伸直。（图 8－15）

（5）丁步

两脚并拢半蹲，一脚全脚着地，为支撑腿，大腿压低近水平，另一脚以前脚掌或脚尖着地，靠在支撑腿内侧。（图 8－16）

（6）虚步

后腿屈膝半蹲，全脚着地，脚尖斜向前，大腿压低近水平；另一腿微屈置于身前，脚面绷紧，以前脚掌或脚尖着地。（图 8－17）

图 8－15

图 8－16

图 8－17

图 8 – 18

图 8 – 19

（7）歇步

两腿交叉半蹲，前脚全脚着地，脚尖外展；后脚脚跟离地，脚尖朝前，臀部外侧紧靠小腿，膝靠于前腿外侧。（图 8 – 18）

（8）独立步

一腿自然伸直站立，在身前或身侧屈膝提起另一腿，膝高过腰，小腿自然下垂。（图 8 – 19）

5. 步法

（1）上步

前脚往前跨一步，或后脚往前跨一步。（图 8 – 20、图 8 – 21）

（2）撤步

前脚往后退一步，或后脚往后退一步。（图 8 – 22、图 8 – 23）

图 8 – 20

图 8 – 21

图 8 – 22

图 8 – 23

图 8 - 24

图 8 - 25

图 8 - 26

图 8 - 27

(3) 退步

前脚往后退一步。(图 8 - 24、图 8 - 25)

(4) 盖步

一脚经支撑脚前横落。(图 8 - 26、图 8 - 27)

(5) 插步

一脚经支撑脚后横落。(图 8 - 28、图 8 - 29)

(6) 跳步

前脚蹬地跳起,后脚前移落地。(图 8 - 30、图 8 - 31)

图 8 - 28

图 8 - 29

图 8 - 30

图 8 - 31

图 8－32

图 8－33

图 8－34

6. 基本剑法

（1） 持剑

掌心贴近护手，食指伸直附掌于剑柄，拇指为一侧，其余手指为另一侧，直腕扣握护手，剑脊贴近小臂后侧。（图 8－32）

（2） 点剑

立剑提腕，剑尖向前下方点击，手臂自然伸直，力达剑锋。点剑为进攻性剑法。（图 8－33）

（3） 刺剑

立剑或平剑，手臂由屈到伸，与剑呈一直线向前直刺，力达剑尖，为正面进攻性剑法。（图 8－34）

（4） 劈剑

立剑自上而下劈击，手臂与剑呈一直线，力达下方剑刃，为自上而下的进攻性剑法。（图 8－35、图 8－36）

图 8－35

图 8－36

图 8 - 37

图 8 - 38

（5）截剑

立剑或平剑往斜下方切，力达剑刃，用于阻挡对方的进攻，为攻防兼备剑法。（图 8 - 37）

（6）拦剑

立剑斜向前上方托架，力达剑刃中后部，为防守性剑法。由左下向右前斜出，剑尖朝左前下为左拦剑；由右下向左前斜出，剑尖朝右前下为右拦剑。（图 8 - 38）

（7）架剑

立剑往上托架，手心向外，高过头顶，力达剑刃，为自下而上的防守性剑法。（图 8 - 39）

（8）挂剑

立剑自前往后上方或后下方划弧，格开对方攻击，力达剑身，同时两腿呈交叉步，为防守性剑法。（图 8 - 40、图 8 - 41）

图 8 - 39

图 8 - 40

图 8 - 41

图 8－42

图 8－43

图 8－44

(9) 斩剑

手臂与剑呈一直线，瞬间发力击出，平剑横斩，力达剑身，为进攻性剑法。（图 8－42、图 8－43）

(10) 崩剑

立剑沉腕，手腕发力使剑尖朝上，力达剑锋，为攻防兼备剑法。（图 8－44、图 8－45）

(11) 抹剑

手臂与剑呈一直线，平剑往右或左转腰，剑自一侧经身前划弧向另一侧回抽，剑尖朝右前方或朝左前方，力达剑身，为进攻性剑法。（图 8－46、图 8－47）

图 8－45

图 8－46

图 8－47

图 8－48

图 8－49

（12）撩剑

立剑由后向前上方贴身划弧，力达剑身前部，以剑刃为力点直臂撩出。由左下向右前撩出为正撩剑；由右下向左前撩出为反撩剑。（图 8－48、图 8－49）

图 8－50

一招一式跟我练

1. 预备式

并步直立，左手持剑，右手剑指，两臂下垂于身侧，目视前方。（图 8－50）

图 8－51

2. 起势

（1）左手持剑，右手剑指，双臂上提，手腕略往内扣，头往左转。（图 8－51）

图 8－52

图 8－53

（2）左腿横跨成左弓步，上身随之左转，左手同时持剑屈肘，自胸前向上划弧前指，至身体左侧平举，大拇指一侧在下；右手剑指向后抬起，两臂呈一直线，目视左手腕。（图 8－52）

（3）左腿伸直站立，右脚上前并步直立，同时左手持剑自身前下落，回摆至身侧，右手剑指随之屈肘自耳侧向前平指，大拇指一侧在上，目视剑指。（图 8－53）

（4）右脚撤步成左弓步，左手持剑向前平伸，大拇指一侧在下，同时，上体右转，右手剑指随体转向下、向右划弧，大拇指一侧在上，双臂呈一直线，目视左手。（图 8－54）

（5）右脚脚尖内扣，重心后移，左脚撤半步，屈膝成左虚步，同时双臂往胸前屈肘，左手持剑，手心朝外，右手剑指，手心朝内，准备接剑，目视剑尖。（图 8－55）

图 8－54

图 8－55

3. 弓步刺剑

（1）右手接剑，左手成剑指。

（2）左脚向前上步，重心前移，屈膝成左弓步，上身左转，右手持剑向前直刺，大拇指一侧在上。

（3）左手剑指同时划弧往后平举，大拇指一侧在上，目视剑尖。（图 8－56）

图 8－56

4. 回身斩剑

（1）右脚向前上一步屈膝，上身右转，左腿伸直，前脚掌点地，成交叉步。

（2）右手持剑，自前经右侧向后平斩，与肩持平，大拇指一侧在上，力达剑身前部。

（3）左手剑指同时自下往前上方划弧，置于头上左侧，屈肘侧举，大拇指一侧在下，目视剑尖。（图 8－57）

图 8－57

5. 弓步劈剑

（1）左脚往前上一步，重心前移，成左弓步。

（2）右手持剑，手心转向上，往前下劈，剑尖与肩同高，往右微斜，力达剑身前部。

（3）左手剑指自胸前往下，经左下向上划弧，置于头上左侧，屈肘侧举，大拇指一侧在下，目视剑尖。（图 8－58）

图 8－58

图 8－59

6. **歇步崩剑**

（1）上身左转，右脚向左微收成插步，脚尖点地。

（2）右手持剑自前向上、向后划弧，至后方时屈肘向上撩起，使手腕、前臂靠于左腹部，手心朝里，剑尖指向左上方。左手剑指则下落至右手腕处，手心朝下，目视剑尖。（图 8－59）

（3）身体右转，双腿下蹲成歇步。

（4）右手持剑划弧上崩，力达剑尖，左手剑指自身侧向上划弧，置于头上左侧，屈肘侧举，大拇指一侧在下，目视剑尖。（图 8－60）

图 8－60

7. **弓步削剑**

（1）身体右转，双腿站立。

（2）右手持剑下落至左腹部，手心斜向上，剑尖指向左下方，左手剑指附于右腕上，目视剑尖。（图 8－61）

（3）右脚横跨，身体右转成右弓步。

（4）右手持剑自左下方向右上方弧形斜削，剑尖略高于头，力达剑身前部剑刃，左手剑指后拉，大拇指一侧在下，目视剑尖。（图 8－62）

图 8－61

图 8－62

8. **左右挂剑**

（1）身体左转，重心左移，右脚回撤稍成丁步。

（2）右手持剑，臂内旋，向下、向左挂起，力达剑身前部剑刃，手扣于腹部，大拇指一侧在上，左手剑指附于右腕处，目视剑尖。（图 8－63）

图 8－63

（3）右脚横跨，重心右移，向右转身，成交叉步。

（4）右手持剑，臂外旋，由前上方沿身体右侧向下、向后挂起，力达剑身前部剑刃，左手剑指向前伸出，与头同高，目视剑尖。（图 8－64）

图 8－64

9. **叉步压剑**

（1）左脚向前上步，双脚与肩同宽站立。

（2）双臂左右平举，剑与臂呈一直线，双手均为大拇指一侧在上，目视剑尖。（图 8－65）

图 8－65

（3）身体左转，重心前移，右脚倒插步，前脚掌着地。

图 8－66

（4）右手持剑划弧下压，扣于腹部，大拇指一侧在上，左手剑指附于右腕处，目视剑尖。（图 8－66）

10. **提膝点剑**

（1）往右后转身，随转体直立，两腿左右开立。

（2）右手持剑顺势上架，剑横架于头顶，手心朝外。左手剑指后摆，手心朝下，目视右侧。（图 8－67）

（3）右腿伸直站立，左腿屈膝上提 。

（4）右手持剑提腕下点，大拇指一侧在上，力达剑尖，左手剑指自然上举置于头上左侧，屈肘侧举，大拇指一侧在下，目视剑尖。（图 8－68）

图 8－67

图 8－68

11. **并步刺剑**

（1）以右脚前脚掌为轴碾地，带动身体向左后转。

（2）右手持剑，臂内旋，压腕向前划弧至胯侧，使剑尖朝向转身后的身前。左手剑指自上经右肩、腹前向前划弧指出，与肩同高，手心向下，目视剑指。（图8－69）

图8－69

（3）左脚向前落步，重心前移，右脚跟进并步半蹲。

（4）右手持剑向前直刺，力达剑尖，大拇指一侧在上，左手剑指随之附在右腕处，目视剑尖。（图8－70）

图8－70

12. **弓步挑剑**

（1）右脚向前上一步，重心前移，屈膝成右弓步。

（2）右手持剑直臂上挑，剑尖朝上，手心朝左，力达剑尖。

（3）左手剑指依然向身前平指，比肩略高，手心朝下，上身稍微前倾，目视剑指。（图8－71）

图8－71

图 8－72

13. **歇步劈剑**

（1）重心前移，右腿伸直，左脚随之向前上一步，脚尖外展。两腿交叉下蹲成歇步。

（2）右手持剑向前直臂下劈，大拇指一侧在上，力达剑身，剑尖与脚踝同高。

（3）左手剑指屈肘附于右腕内侧，上身稍微前倾，目视剑尖。（图 8－72）

图 8－73

14. **上步截腕**

（1）重心上移，脚掌碾地，身体随之挺起直立。

（2）右手持剑，臂内旋，大拇指一侧在下，用剑前部下刃往前上方划弧，随身体站立而上抬至与肩同高，目视前方。（图 8－73）

（3）身体右转，右腿半蹲，左脚前脚掌着地，成左虚步。

（4）右手持剑向右上方翻腕上架，剑平行置于右前额上方，剑尖略高于剑柄，上身稍前倾。左手剑指始终附于右腕内侧，两臂均屈肘，目视剑身前部。（图 8－74）

图 8－74

（5）左脚往前上半步，前脚掌碾地，使身体向左后转，右脚跟进往前上一步，前脚掌着地，成右虚步。

（6）右手持剑，臂外旋，屈肘翻腕上截，手心朝上，较肩略高，剑身与地面平行。左手剑指屈肘向上举于头上左侧，大拇指一侧在下，目视剑身前部。（图8－75）

图8－75

15. 跳步撩剑

（1）左脚往前上一步，身体左转，右手持剑，臂外旋，屈肘向上向左划弧，右手划过左胯时大拇指一侧在上。左手剑指附于右腕处，目视剑尖。（图8－76）

图8－76

（2）左脚跳起，右脚向右侧跃一步，落地后屈膝半蹲，左脚同时离地向右侧后撩，上身向左侧前倾。右手持剑从左胯向右向下划弧，至右侧方时臂外旋，沉腕上挑，力达剑尖，目视剑尖。

（3）左手剑指同时屈肘向上举于头上左侧，大拇指一侧在下。（图8－77）

图8－77

图 8－78

图 8－79

16. **仆步压剑**

（1）左脚后落，右手持剑使剑尖自头上向右后方平绕一圈，至右侧平举，目视剑尖。同时伸直右膝直立，左腿绷脚尖提膝。左手剑指仍横举于头上左侧。（图 8－78、图 8－79）

（2）左手剑指经身前落下，附于右腕上，左脚同时向左侧落步，屈膝全蹲成右仆步，右手持剑，使剑身平面向下压，剑尖朝右上方斜指，上身前倾，目视剑尖。（图 8－80）

图 8－80

17. **提膝刺剑**

（1）两腿站起，重心右移，左腿提膝置于身前。

（2）右手持剑向右直刺，大拇指一侧在上，与肩同高，力达剑尖，目视剑尖。

（3）左手剑指自身前向左上方屈肘，举于头上左侧，大拇指一侧在下。（图 8－81）

图 8－81

图 8－82

图 8－83

18. 弓步抹剑

（1）左脚前落，右腿蹬直成左弓步，右手臂外旋，手心朝上持剑顺势平抹，力达剑刃，目视剑尖。

（2）剑指自身前向下向左划弧后，仍举于头上左侧，大拇指一侧在下。（图 8－82）

19. 收势

（1）身体右转，重心右移，右手持剑屈肘回抽，左手下落至右腕处，目视剑尖。（图8－83）。

（2）右脚撤步，与左脚并步站立。左手接剑，右手剑指，双手自身前划弧下按，两臂下落于身侧，目视前方。（图 8－84）

图 8－84

九　棍术入门

棍是由长而直的坚韧圆木制作而成的长器械，无尖无刃，把端较粗，棍身光滑，构造简单。由于棍制作简单，使用方便，所以当棍进入民间，便成为人们防身、健身的良好工具，同时也发展出了各式的棍法，从而确立了棍术。

棍术是现代武术运动中的竞技项目之一。它具有握法灵活、棍法规整、梢把兼用、势合力顺等特点。由于棍术动作明快、节奏生动、快速勇猛，具有健身、防身的功能，深受广大青少年的喜爱。

练习指南

1. 器材要求

使用长棍，长棍的长度不得短于本人身高。(图9－1)

图9－1

2. 场地要求

练习棍术只要场地平坦、能活动开就可以了，因棍术活动范围较大，场地以人少为宜，如室内运动场、操场等。

3. 服装要求

适宜穿着舒适宽松的服装，领口、腰带以及手腕、脚踝部位应略微宽松，横直裆要适宜。如短袖套头衫、中式大襟衣、西式裤、中式裤等。鞋子选择一般运动鞋或质地较柔软、穿着舒适、活动方便的鞋子即可。

4. 注意事项

（1）从基本功练起，从马步、虚步、丁步、歇步、四六步等基本步练起，要练好棍术必须持之以恒。

（2）练习棍术时手臂、手腕要放松，不宜僵硬。

（3）练习前要先热身，压腿时要放松，不要紧张，否则很容易受伤，要防止拉伤韧带。

（4）练习棍术时要求手臂灵活有力，梢把兼用，身棍合一。

（5）适当调节运动量，可根据自身身体情况调整练习的时间、强度等。

基本技法

1. 基本步型

（1）并步

两脚并拢，身体直立，脚尖向前，两腿内侧紧贴。（图9－2）

图9－2

（2）开立步

两脚开立，与肩同宽，脚尖向前，两脚尖微微外展，身体自然直立。（图9－3）

图9－3

图9－4

（3）虚步

后腿屈膝半蹲，全脚着地，脚尖斜向前，大腿压低近水平；另一腿微曲置于身前，脚面绷紧，以前脚掌或脚尖着地。（图9－4）

（4）弓步

前脚全脚着地，屈膝前弓，后脚自然蹬直，前脚小腿与地面垂直，前脚的膝盖不能超过脚尖。左脚在前为左弓步，右脚在前为右弓步。（图9－5）

图9－5

（5）马步

两脚平行，左右开立大于肩宽，挺胸立腰，上体正直，两脚屈膝下蹲，重心在两脚之间。（图9－6）

（6）半马步

两脚开立，比马步略宽，一脚尖朝前，另一脚尖外展，上体转向外展脚，两腿屈膝半蹲，重心略偏于后腿。（图9－7）

图9－6

图9－7

（7）插步

有两种形式，一种是一脚向另一脚前面横跨，脚掌着地，两腿膝关节交叉，叫前插步。另一种是一脚向另一脚的后面倒插，脚掌着地，两腿膝关节交叉，叫倒插步。（图 9－8）

图 9－8

（8）歇步

两腿交叉半蹲，前脚全脚着地，脚尖外展；后脚脚跟离地，脚尖朝前，臀部外侧紧靠小腿，膝靠于前腿外侧。（图 9－9）

图 9－9

（9）仆步

一腿屈膝全蹲，全脚掌着地，臀部尽量贴近小腿，膝和脚尖略向外，另一腿向体侧伸直，脚尖内扣，过程中上身中正，气息下沉。（图 9－10）

（10）独立步

一腿实踏在地，膝微屈，脚尖向前，自然站直，另一只脚屈膝提起，大腿与地面平行，小腿下垂，脚尖向前。（图 9－11）

图 9－10

图 9－11

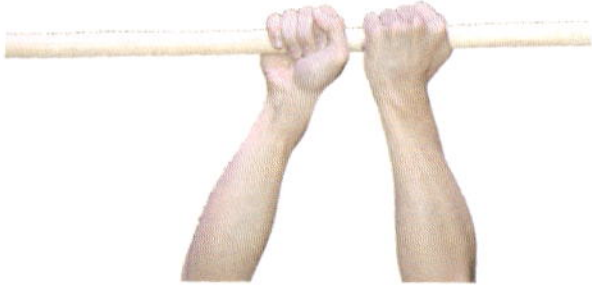

图 9－12

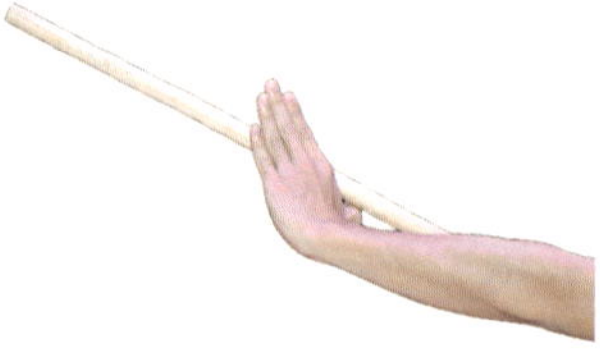

图 9－13

2. **基本步法**

详见“剑术入门”一章。

3. **基本握法**

（1）正握法

双手握在棍身后段，虎口朝棍梢，五指满把握紧。（图 9－12）

（2）钳把握法

拇指与食指握棍，其余三指松开，腕部可灵活运转。（图 9－13）

（3）对手握法

即两手虎口相对。（图 9－14）

（4）阳手握法

虎口朝向棍击打的一端。

（5）阴手握法

虎口背向棍击打的一端。

（6）交叉握法

两臂交叉相叠握棍。（图 9－15）

图 9－14

图 9－15

(7) 螺把

手臂伸直难以满把时，采用螺把的握法，如双手立舞花、云拨棍等。滑把、换把也采用此握法。(图 9－16)

图 9－16

(8) 滑把

交换棍法和棍的着力点，握把时五指放松，可顺棍身滑动。

(9) 换把

两手变换前后位置和虎口方向。

4. 基本持棍法

(1) 持棍

两脚前后开立，两手满把握棍，左手握于棍中段，右手握于棍把，屈肘贴于右腰侧，两手左前右后。(图 9－17)

图 9－17

单手持棍于体侧。(图 9－18)

拇指和食指卡握棍身，其余三指自然弯曲，虎口朝向棍梢，使棍身紧贴身体右侧，把端触地。(图 9－19)

图 9－18

图 9－19

图 9－20

图 9－21

图 9－22

（2）举棍

并步站立，右手伸直在上，螺把握棍中段，左手满把握于棍把，屈臂右腋下，棍直立于体右侧。也可举于体左侧。（图 9－20）

后举棍：两手满把握于棍后段，两臂举于头后上方，棍梢朝后上方。（图 9－21）

（3）抱棍

并步站立，两手满把握于棍后段，棍身在体前或体侧直立。（图 9－22）

（4）背棍

肩上背棍，即一手或两手握棍后段，使棍置于肩上，两臂屈肘平抱，将棍按压于肩上。（图9－23）

背后背棍，即一手螺把棍后段，将棍斜背身后，棍身紧贴背部。（图9－24）

（5）托棍

一手握棍，另一手平托棍，与胸同高。（图9－25）

（6）夹棍

两手握棍，一手在前，另一手屈肘于腋窝前，把棍把夹于腋下。（图9－26）

图9－23

图9－24

图9－25

图9－26

图 9－27

图 9－28

5. 基本棍法

（1）劈棍

并步站立，两手满把正握，右手握于棍中后段，左手握于棍把处，将棍直举于体右侧，目视左前方。（图 9－27）

左脚向左跨步，身体左转，屈膝成左弓步，同时两手用力将棍由上向前下直劈，力达棍梢。（图 9－28）

（2）拨棍

两脚前后开立，左手满把握棍于右腋下；右手螺把握棍于棍中段，手心朝下。（图 9－29）

以右手为主，使棍梢由前向右平移，力达棍身前段，左手在前、右手在左腋下。向左平移，为左拨棍。（图 9－30）

图 9－29

图 9－30

(3) 戳棍

并步站立，双手握棍，右手握于近棍后段，左手握于近棍前段，将棍横持身前，与胸同高。(图 9－31)

右脚向右前迈步，屈膝成右弓步；同时两手用力持棍向右前方平戳，力达棍把。(图 9－32)

(4) 盖棍

两脚前后开立或成倒插步，对手握棍，右手握于棍中段，左手握于棍前段，使棍斜于体右侧，棍把朝下。(图 9－33)

左脚上一步成左弓步；同时两手使棍把一端由后向上、向前、向下劈盖。(图 9－34)

图 9－31

图 9－32

图 9－33

图 9－34

图 9－35

图 9－36

图 9－37

（5）抡棍

两脚开立，两手紧靠，满把正握于棍后段，将棍平背于右肩上，同时成右弓步。（图 9－35）

两手用力使棍由右经体前向左平抡，背棍于左肩，成左弓步。（图 9－36、图 9－37）

（6）挑棍

两脚略呈前后开立，对手满把握棍，右手握于棍中段，左手握于棍后段，棍身斜于右后方。

左脚向前迈步成左弓步，同时两手使棍把由后经体侧向前、向上挑击，力达棍把。（图 9－38、图 9－39）

图 9－38

图 9－39

图 9－40

(7) 云棍

两脚开立，两手正握于棍中段，右手近棍前段，左手近棍后段，置于右腋下，将棍身紧贴右腋下。(图 9－40)

以右手为主，使棍梢于头上由右向左、向后平绕，左手变钳把握棍。(图 9－41)

上动不止，棍梢由后向右、向左平绕，棍梢绕至体左侧，右手握棍置于左腋下。（图 9－42、图 9－43）

图 9－41

图 9－42

图 9－43

一招一式跟我练

图 9－44

1. 预备式

两脚并拢，自然直立，左手轻贴大腿外侧，右手持棍立于体右侧，目视左前方。（图 9－44）

2. 起势

右手握棍中后段，提棍上举，臂伸直；左手随即握住棍把，臂平屈胸前，目视左前方。（图 9－45）

图 9－45

3. 弓步劈棍

身体左转，左脚向左前上步屈膝成左弓步；同时，两手握棍向前下直劈，力达棍身前段和棍梢，棍把紧贴左腰侧，棍梢略高于肩，目视前方。（图 9－46）

4. 弓步撩棍

右脚向前上步屈膝成右弓步；同时，右手经体前向棍后段滑把，握住棍的把端，左手换握棍中段，向前撩出，力达棍身前端，目视左前方。（图 9－47）

图 9－46

图 9－47

5. 虚步上拨棍

左脚向前迈步，右脚上前半步，脚尖点地成右虚步，身体左转；同时左臂旋臂向前平摆，手心向下，棍梢向左上方拨动，力达棍身前端，右手置于左腋下，棍梢略高于头部，目视棍梢。（图9－48）

图9－48

6. 虚步把拨棍

（1）左脚向前上步，脚尖点地成左虚步。两手在头顶上方做云棍平绕，目视上方。（图9－49）

（2）棍梢绕至体右后方，棍把于前上方拨击，右手在前，左手置于右腋下，棍把一端略高于头部，目视棍把。（图9－50）

图9－49

7. 插步抡劈棍

（1）左脚外展为轴，上体向左后转，右脚向左侧上步成半马步。同时两手握棍使棍身由体右外侧向左前方抡出，走立圆。（图9－51）

图9－50

图9－51

图 9－52

图 9－53

（2）退左脚至右后侧，脚尖点地成插步；左手滑至棍后段，与右手合握棍把，由左向右绕弧半周做下劈，目视棍梢。（图 9－52）

8. 翻身抡劈棍

（1）以两脚为轴，上体向左后翻转。同时，两手握棍上举于头上随转体做云棍平绕。（图 9－53）

（2）屈膝下蹲成马步，手握棍向左前下劈；同时左手滑至棍前段，右手握棍把置于右腹前，棍梢略高于棍把，目视左前方。（图 9－54）

9. 马步平抡棍

（1）马步不变，两手握棍上举背于后肩，左手撒开，目视左前方。（图 9－55）

图 9－54

图 9－55

(2) 马步不变，上体右转，左手紧靠右手握于棍把，两手屈肘于胸前，棍背于右肩上，目视右前方。(图9－56)

(3) 右手握棍把向身前抡动，同时，上体以左脚为轴向左后转，左脚屈膝成左弓步，两手平举握棍于身前，目视前方。(图9－57)

(4) 右脚向左侧上步成马步，双手继续向左抡棍，棍梢平抡一周。两臂平屈胸前，左手松握于右手外，手心均向下，棍身架于左上臂部，目视左前方。(图9－58)

图9－56

图9－57

图9－58

图 9 – 59

图 9 – 60

10. **跳步半抡劈棍**

两脚蹬地跳起向右转体，落地成马步，同时棍梢沿身体向前下抡半圆；左手随即向前滑把，向左前下劈，右手握棍把置于右腰前，目视棍梢。(图 9 – 59、图 9 – 60)

11. **单手抡劈棍**

(1) 右脚左收，上体右转。右手握棍置于头上，左手撤开托棍，目视右前方。(图 9 – 61)

(2) 右手握棍由上向前抡出，使棍梢从头顶绕行一周至体右平举，左手翻掌向上，目视右前方。(图 9 – 62)

图 9 – 61

图 9 – 62

图 9－63

图 9－64

（3）右脚后退一步，左脚上步成半马步，随步向右后转体。右手握棍沿身体右侧向下、向后抡一周至体前，左手握回棍的中段，往体左侧劈棍，力达棍前端，目视棍梢。（图 9－63）

12. **提膝把劈棍**

重心右移，左脚内收提膝成右独立步，上体微前倾；同时，举棍向前劈棍，左手收至右腋下，目视前方。（图 9－64）

13. **弓步抡劈棍**

（1）上体左转，左脚下落，右手握棍向左腿外侧抡一周。（图 9－65）

（2）右脚向前上步屈膝成右弓步，左手滑握至棍中段，向体前绕行下劈，右手收于左腋下，目视棍梢。（图 9－66）

图 9－65

图 9－66

图 9－67

图 9－68

14. **弓步背棍**

（1）右脚外展，上体右转，两手舞花向右腿外侧抡绕一周。（图 9－67）

（2）左脚向前上步屈膝成左弓步；同时右手握棍抡绕，背于左肩后，棍梢从左肩指出前上方；左手由右胸向前推掌，掌心向前，目视左掌。（图 9－68）

15. **挑把棍**

（1）左腿内收成丁步，同时右手收棍至体右侧斜向前下，左手接握棍中段，右手握棍把在前，左手置于右腋下。（图 9－69）

（2）左脚横开，同时握棍向右后、向左前绕行，右脚向前上步屈膝成右弓步，上体左转，同时棍绕至体前，棍把向右前上方挑起，目视棍把。（图 9－70）

图 9－69

图 9－70

图 9－71

图 9－72

16. **转身弓步戳棍**

（1）右脚尖内扣，左腿屈膝提起，成右独立步，上体左转，两手握棍使棍身贴于左腿小腿内侧。（图 9－71）

（2）左脚向左侧落步，屈膝成左弓步；同时，两手握棍使棍向左侧平戳，力达棍梢，左手滑至右手处，目视棍梢。（图 9－72）

17. **踢腿撩棍**

（1）右脚向前移，身体重心移至右腿上，上体右转。两手握棍向右侧后方提撩一圈，棍身落于右臂上，目视前方。（图 9－73）

（2）双手握棍继续提撩，撩至棍直立体左前侧，双手抱棍置于左腹前，目视前方。（图 9－74）

图 9－73

图 9－74

图9－75

（3）右脚上踢，脚尖勾起，与头同高，目视右前方。（图9－75）

18. **弓步拉棍**

右脚右侧落步，屈膝成右弓步；同时，右臂屈肘上拉内旋，臂与肩齐平，左臂直臂下压内旋，棍身斜放于身前，目视棍梢。（图9－76）

19. **收势**

（1）右手向身体右侧下落，臂伸直，左手向右上滑把，使棍把下降至右腿外侧，棍身直立，目视左侧。

（2）左脚内收右脚并立。同时左手撒开垂于大腿左侧，棍把在右脚外侧着地，目视正前方。（图9－77）

图9－76

图9－77

十　双节棍入门

练习指南

双节棍的历史比较悠久，据传创始者为宋代开国皇帝宋太祖赵匡胤，这种武器由于简单易学、携带方便且威力巨大，一直受到习武者的喜爱。尤其到了近代，由于功夫巨星李小龙对双节棍的特别青睐，它也受到了功夫爱好者的广泛推崇，并在全球范围内掀起了学习双节棍的热潮。

尽管学习双节棍的人越来越多，但大都缺乏系统科学的指导，木章内容正是从入门者的角度出发，介绍和示范了一些基本技法和招式。在学习之前，我们有必要了解一些练习双节棍的注意事项。

（1）保证安全，防止意外。这是学习双节棍时最重要的注意事项，任何时候都必须把安全放在第一位。在衣着上注意简单为宜，不要穿带有斜插口袋的衣服，以免练习时棍段挂到衣服引起伤害；在训练场地上，选择宽敞平坦且相对安静的场所进行，清理周边的障碍物，不要让无关人员进入练习场地。在训练方法上，练习前充分做好热身运动，活动开关节，注意由易到难，由慢到快。在器械上，注意时常检查和保养双节棍，防止器械断开伤人。准备必备的医疗药品，了解简单的救助方法，练习双节棍尤其是对练时，出现外伤的概率比较高，要学会简单处理外伤，降低伤害。

（2）既要全神贯注又要量力而行。练习双节棍切忌三心二意，一旦开始练习，就必须以充沛的精力认真练习每一个动作，全神贯注，毫不懈怠。如果确实感到疲劳，可以适当休息，不要勉强自己，勉强练习不但练习效果会大打折扣，而且容易伤害到自己；不要幻想一夜之间成为像银幕上那样虎虎生风的“高手”，要根据自己的体能、体质等科学安排练习内容，由浅入深。

（3）以强身健体为主，不得侵害他人。练习双节棍不是为了“耍帅”，更不是为了伤害或侵犯他人，而是为了强身健体和自我防卫，如非受到严重的人身安全威胁，不得在公共场合使用双节棍。

（4）注重礼仪，提高修养。礼仪在双节棍中占有非常重要的地位，反映了练习者良好的修养和人格魅力，体现出习武之人的武德精神。在学习双节棍的过程中，必须时时注意保持严谨的礼仪风范。（图 10－1、图 10－2、图 10－3、图 10－4）

图 10－1

图 10－2

图 10－3

图 10－4

基本技法

1. 持棍姿势

（1）握棍方法

一般而言，根据握棍手的虎口朝向不同，分为正握法、反握法和叠握法三种方法。

正握法

握棍手的虎口向内端。（图 10－5）

图 10－5

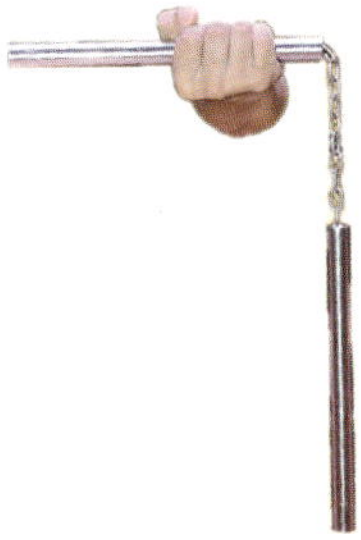

图 10－6

图 10－7

反握法

握棍手的虎口向外端。（图 10－6）

叠握法

两棍叠在一起，握在手中。（图 10－7）

（2）握棍位置

除了握棍的方法，握棍的位置也比较重要。一般来说，可分为上把位、中把位和下把位三种。

上把位

握棍位置靠近棍的内端，即靠近棍链的一端。这种方式最为常用。（图 10－8）

中把位

握棍位置在棍的中段。（图 10－9）

图 10－8

图 10－9

图 10－10

下把位

握棍位置靠近棍的外端。这种方式对练习者的腕力要求比较高，初学者一般不用。（图 10－10）

2. 基本动作

在练习招式之前，我们需要练习一些最简单的基础动作，将这些基础动作练会并有所理解后，接下来的招式练习就能逐渐登堂入室了。

注：下文中，“棍”是指握在练习者手中的这根棍，“游离棍”则是指另一根游离在外的棍。

图 10－11

（1）顶角单边

身体直立，双脚间距约一肩宽，左臂伸展开来，右手持棍上把位，约与肩平，游离棍自然垂于右大臂后侧。（图 10－11）

右手向上挑起游离棍，持棍向身体左下斜劈至左腰位置，棍的内端接触腰部。（图 10－12、图 10－13）

图 10－12

图 10－13

图 10－14

图 10－15

图 10－16

棍身反弹后平带至右腰位置，虎口朝斜下方；上挑游离棍返回扛棍式。（图 10－14、图 10－15、图 10－16）

注：反复练习此简单动作可以尽快适应双节棍的特性，逐渐熟悉掌控双节棍，增强灵活性。可以左右手互换反复练习。

（2）上下两层

身体直立，双脚间距约一肩宽，左臂伸展开来，右手持棍呈扛棍式，游离棍自然垂于右大臂后侧。（图 10－17）

左臂内合，小臂屈肘于右腹部；右手持棍平扫左大臂，击打至大臂根部。（图 10－18、图 10－19）

图 10－17

图 10－18

图 10－19

图 10－20

图 10－21

图 10－22

游离棍顺势反弹至右臂后，右手持棍向下斜劈至左腰位置。（图 10－20、图 10－21）

棍身反弹后平带至右腰位置，虎口朝斜下方；上挑游离棍返回扛棍式。（图 10－22、图 10－23、图 10－24）

注：可以左右手互换反复练习。

图 10－23

图 10－24

图 10－25

图 10－26

图 10－27

(3) 上下翻棍

身体直立，双脚间距约一肩宽，左臂伸展，右手扛棍，翻动手腕，向上向后荡起游离棍成立圆。(图 10－25、图 10－26、图 10－27)

游离棍被挥至右大臂内侧后，再反弹至右大臂外侧，顺势上挑游离棍返回扛棍式。(图 10－28、图 10－29、图 10－30)

注：注意上下挥甩时翻转手腕，避免游离棍打到肘部。可以左右手互换反复练习。

图 10－28

图 10－29

图 10－30

图 10－31

图 10－32

图 10－33

(4) 十字交叉

身体直立，双脚间距约一肩宽，左臂伸展开来，右手持棍呈扛棍式，游离棍自然垂于右大臂后侧。(图 10－31)

右手向上荡起游离棍并斜劈左腰，左掌贴近右大臂。(图 10－32、图 10－33)

棍身反弹平带至右腰，游离棍贴于右腰后侧，左臂再次伸展开来。(图 10－34、图10－35)

图 10－34

图 10－35

图 10－36

图 10－37

图 10－38

左臂收至胸前，右手持棍向上荡起游离棍至左肩，顺势反弹后斜劈右腰。（图 10－36、图10－37、图 10－38）

游离棍触及右腰后，顺势反弹平甩至左腰；上挑游离棍，返回右手扛棍式。（图 10－39、图 10－40、图 10－41、图 10－42）

注：这组连续动作对于入门者来说有点难度，要注意克服棍身击打身体的恐惧感，反复练习。

图 10－39

图 10－40

图 10－41

图 10－42

图 10－43

图 10－44

一招一式跟我练

1. 流星赶月

（1）身体直立，双脚间距约一肩宽，右手持棍上把位，右腋夹住游离棍；以手腕为轴发力，向上荡起游离棍；使之在身体右侧顺时针方向舞成立圆；挥甩至肩上成扛棍式。（图 10－43、图 10－44、图 10－45、图10－46）

图 10－45

图 10－46

图 10－47

图 10－48

图 10－49

图 10－50

（2）借游离棍反弹之势再次荡起，顺势向右前作立圆式抡挥，返回右手夹棍式。（图 10－47、图 10－48、图 10－49、图 10－50）

注：臂部与肋部距离不要太远，挥动时以手腕发力为主。可以左右手互换反复练习。

2. **白蛇吐信**

（1）身体直立，双脚间距约一肩宽，右手夹棍式；松开腋窝，在手臂前伸的瞬间，右腕立刻发力将游离棍挥弹出去。（图 10－51、图 10－52）

图 10－51

图 10－52

图 10－53

图 10－54

（2）利用臂腕力量迅速将棍拉回腋下，并以臂部夹紧收棍。（图 10－53、图 10－54）

注：棍挥弹出去时，肩、大臂、肘、小臂等部位要同时向前弹伸，当棍收回时，肘部要偏离身体一些，以便顺势带引挥出的棍返回腋下。可以左右手互换反复练习。

3. 苏秦背剑

（1）身体直立，双脚间距约一肩宽，右手夹棍式；松开腋窝，向上荡起游离棍画弧线，挥甩至大臂后方时，左手张开伸至右腋下接棍。（图 10－55、图 10－56、图 10－57、图 10－58）

图 10－55

图 10－56

图 10－57

图 10－58

图 10－59

图 10－60

（2）松开右手，左手握棍，将游离棍由体前斜上挑到左大臂后方，同时右手张开伸至左腋下接棍。（图 10－59、图 10－60、图 10－61）

（3）松开左手，右手握棍，将游离棍由体前斜上挑到右大臂后方，同时左小臂向右方横移至胸前。（图 10－62、图 10－63）

图 10－61

图 10－62

图 10－63

图 10－64

图 10－65

（4）右手腕抖动用力，向前挥甩游离棍，返回右手夹棍式；同时左臂伸展开来，约与肩平。（图 10－64、图 10－65）

注：出棍时翻转手腕，防止打到肘部，接棍时防止打到手。

4. 翻山越岭

（1）身体直立，双脚间距约一肩宽，右手夹棍式；松开腋窝，向上荡起游离棍画弧线，挥甩至背后，同时左手从后腰穿出，背后接棍。（图 10－66、图 10－67、图 10－68、图 10－69）

图 10－66

图 10－67

图 10－68

图 10－69

图 10－70

图 10－71

图 10－72

（2）松开右手，左手握住游离棍后挥棍至身体左侧，再由体侧上挑经左肩挥甩至背后；右手张开，从右侧后腰穿过握住落下之棍。（图 10－70、图 10－71、图 10－72）

（3）松开左手，右手握棍，将游离棍顺势带至身体右侧，随即斜上挑至右肩后，呈扛棍式。（图 10－73、图 10－74、图 10－75）

图 10－73

图 10－74

图 10－75

图 10 – 76

图 10 – 77

图 10 – 78

（4）右手向前挥棍画弧线，将游离棍夹于腋下，返回右手夹棍式；同时左臂伸展开来，约与肩平。（图 10 – 76、图 10 – 77、图 10 – 78）

注：上下挥棍时注意翻转手腕，当棍挥甩至腰部、背部时，要让棍链紧贴背部，初练时不可用力过猛，以免受伤。

5. 霸王击鼓

（1）身体直立，双脚间距约一肩宽，右手夹棍式；松开腋窝，在肩部出棍，右手腕外翻，将游离棍荡至右侧；将棍由右向左横扫至身体左侧，左手接棍。（图 10 – 79、图 10 – 80、图 10 – 81、图 10 – 82）

图 10 – 79

图 10 – 80

图 10 – 81

图 10 – 82

图 10－83

图 10－84

（2）松开右手，左手持棍由右向左横扫至身体左侧，手腕翻动发力，再次将棍从左到右横扫至身体右侧，右手接棍。（图 10－83、图 10－84）

（3）松开左手，右手持棍向身体左下斜劈至左腰处，左臂屈肘于胸前；当游离棍从左腰反弹时，平带至右腰。（图 10－85、图 10－86、图 10－87、图 10－88）

图 10－85

图 10－86

图 10－87

图 10－88

图 10 – 89

图 10 – 90

图 10 – 91

图 10 – 92

（4）右臂向外、向上挥动，上挑游离棍至右肩后成扛棍式；手腕翻动，将游离棍荡回右腋下，呈右手夹棍式。（图 10 – 89、图 10 – 90、图 10 – 91、图 10 – 92）

注：出棍横扫时，手腕外翻，拳心朝上向外挥动。借助腰力将挥棍力量发挥到最大。

6. 玉带缠腰

（1）身体直立，双脚间距约一肩宽，右手夹棍式；松开腋窝，向上荡起游离棍，呈右手扛棍式；挥棍斜劈左腰，左臂屈肘收至胸前。（图10 – 93、图 10 – 94、图 10 – 95、图 10 – 96）

图 10 – 93

图 10 – 94

图 10 – 95

图 10 – 96

图 10－97

图 10－98

图 10－99

（2）右腕翻动，将游离棍反向横扫至右侧，左臂向下，手心外翻接棍；此时双臂交叉，两掌掌心向上；松开右手，左手接棍顺势挥甩至右腰侧。（图 10－97、图 10－98、图 10－99）

（3）翻动左腕，棍身反弹后借势向右挥甩；伸出右臂，交叉置于左臂下方，右手手心向外接棍；松开左手，右手持棍顺势挥甩至左腰。（图 10－100、图 10－101、图 10－102）

图 10－100

图 10－101

图 10－102

图 10－103

图 10－104

图 10－105

图 10－106

（4）棍身再次反弹，平带至右腰；在身体右侧上挑游离棍，呈扛棍式。（图 10－103、图 10－104、图 10－105、图 10－106）

（5）右腕向前、向下翻动，挥动游离棍向前划立圆，还原为右手夹棍式。同时，左臂伸展开来，约与肩平。（图 10－107、图 10－108、图 10－109）

注：可以持棍上把位或中把位练习。斜劈腰部反弹时，克服恐惧心理，挥棍的动作幅度要大。练习时不要低头看棍。

图 10－107

图 10－108

图 10－109

参考文献

1. 徐晋华. 成龙的侠骨柔情. 北京：团结出版社，2007.

2. 于志钧. 中国传统武术史. 北京：中国人民大学出版社，2006.

3. ［日］松田隆智. 中国武术史略. 吕彦，阎海译. 成都：四川科学技术出版社，1984.

4. 余水清. 中国武术史概要. 武汉：湖北科学技术出版社，2006.

5. 杨琦. 中国武术入门之初级长拳. 杨少华译. 郑州：海燕出版社，2008

6. 谢青青，张小娥. 长拳技巧. 北京：中国社会出版社，2007.

7. 国家体育总局武术研究院. 长拳. 北京：高等教育出版社，2010.

8. 乔熛，侯雯. 二十四式太极拳. 郑州：河南科学技术出版社，2013.

9. 孙永武. 太极拳入门. 福州：福建科学技术出版社，2010.

10. 韩旭. 太极拳. 北京：化学工业出版社，2011.

11. 武冬. 24式太极拳入门与提高（第三版）. 太原：山西科学技术出版社，2010.

12. 正搏会. 跆拳道双节棍初级教程. 长春：吉林科学技术出版社，2010.

13. 王俊龙. 双节棍技战术修炼. 太原：山西科学技术出版社，2011.

14. 蔡龙云. 剑术运动. 北京：人民体育出版社，2013.

15. 国家体育总局武术研究院. 剑术. 北京：高等教育出版社，2010.

16. 纪秋云. 中国武术入门之初级剑术. 杨少华译. 郑州：海燕出版社，2008.

17. 方志军. 剑术. 长春：吉林出版集团有限责任公司，2007.

18. 国际武术联合会审定. 剑术. 北京：人民体育出版社，2013.

19. 国际武术联合会审定. 棍术. 北京：人民体育出版社，2013.

20. 邱丕相. 武术初阶. 上海：上海教育出版社，2012.

21. 张继生. 中华武术礼仪. 北京：中国旅游出版社，2012.

MPR 出版物链码使用说明

本书中凡文字下方带有链码图标“═══”的地方，均可通过“泛媒关联”App 的扫码功能或“泛媒阅读”App 的“扫一扫”功能，获得对应的多媒体内容。

您可以通过扫描下方的二维码下载“泛媒关联”App、“泛媒阅读”App。

“泛媒关联”App 链码扫描操作步骤：

1. 打开“泛媒关联”App；
2. 将扫码框对准书中的链码扫描，即可播放多媒体内容。

“泛媒阅读”App 链码扫描操作步骤：

1. 打开“泛媒阅读”App；
2. 打开“扫一扫”功能；
3. 扫描书中的链码，即可播放多媒体内容。